U0546212

公民地理資訊

Citizen-Driven Geographic Information Science

蔡博文　本書系總編輯
丁志堅　主編
丁志堅、朱健銘、鍾明光、羅永清　著

「地理資訊科技」叢書序

　　地理資訊系統（geographic information system, GIS）始於1960年代加拿大政府將土地以圖形化的資訊系統進行管理，名為Canada Geographic Information System（CGIS）。它是一套結合資料庫管理與電腦運算能力的資訊系統，但與人事、薪資等傳統的管理資訊系統（management information system, MIS）又大不相同，首先，MIS的資料主要以文數字為主，GIS除文數字資料外，還包括對應的空間位置資訊；其次，MIS的操作以文字檢索或數字計算為主，GIS還需要幾何運算、數值模擬等；最後，MIS以報表方式呈現成果，GIS還會以圖形方式來表達。因為GIS與MIS存在上述的差異，因此GIS從資料的輸入、資料的儲存、資料的處理分析，以及成果的展現都需具備特定的功能。

　　GIS在臺灣的發展有兩個脈絡，首先是學界的引入，從教學與研究開始，另一個脈絡是1990年從政府業務應用需求所推動的國土資訊系統，30餘年來學理與應用二者相輔相成，在學術、政府、企業與民眾生活中均帶來顯著的成果。然GIS仍屬於發展中的學科，無論理論、技術或應用面向的發展都是日新月異，不斷地蛻變與改良，書籍撰寫的速度遠趕不上發展的速度，導致中文GIS相關書籍的出版相對稀少，甚至付之闕如。有感於臺灣環境與土地問題日益受到關注與重視，GIS運用的需求也相對增高，政府相關單位從業務資訊化發展到智慧政府與智慧國土的需求，企業與產業界也積極引入GIS進行規劃與服務業務，導致GIS專業人才需求孔急，因而觸發編寫本叢書的動機，承蒙各冊主編與華藝學術出版部的允諾與協助，使得本叢書得以順利付梓。

　　叢書第一冊試圖從日常生活的經驗出發，闡述GIS各個組成的功能，並深入各功能背後的原理或技術說明，提供讀者入門GIS的基本知識，期使讀者能夠「知其然也知其所以然」。

加拿大政府面對廣大的領土，CGIS從開始的土地管理外，也進一步進行自然資源與土地利用的管理，GIS的應用面向從此展開，發展至今，除了土地、森林、生物、地質、土壤、水資源等自然資源外，也進一步拓展至人文社會學科的應用，包括：疾病、犯罪、歷史、考古、文學、宗教等領域；近年更延伸至生活面向的應用，例如：防災、觀光、交通，以及適地性服務（location-based service, LBS）等。臺灣在1990年也開始推動全國性的GIS，稱為「國土資訊系統」，歷經30年的發展，各類應用蓬勃發展，且納入資訊化政府與智慧化政府的一環。

　　GIS的普及應用雖然對於國家社會，甚至個人生活都有顯著的貢獻，但是因為GIS資料庫的建置，以及軟硬體的費用都非一般民眾所能擔負，且複雜的操作程序也非一般人所能掌握。因此在1990年代出現「菁英地理資訊系統」（elite GIS）的批判，認為GIS只有政府或學者才有能力使用，造成資訊壟斷、決策壟斷的結果。「參與」的概念因而被提出並融入GIS的發展，公眾參與地理資訊系統（public participation GIS, PPGIS）因此而誕生。近年民主化的發展，民眾參與的風潮更加蓬勃，自發性地理資訊（volunteered geographic information, VGI）因應而生，包括公民有意識性參與科學活動的地理公民科學（geographic citizen science）與基於社群媒體資料的地理媒體（social media geographic information, SMGI）。叢書第二冊即以「公民地理資訊」為主題，介紹由下而上的地理資訊科技發展、其應用與對社會的衝擊。

　　近年，與地理資訊系統相關的科技發展迅速，地理資訊系統的範疇逐漸擴大，成為空間資訊科技（spatial information science and technology，或稱geoinformatics），它整合了新進的測繪技術（survey and mapping）、影像技術、感測技術（sensing）、資通技術（information and communication technology, ICT）等不同領域，透過標準的建立，進行跨域合作，開創出許多前瞻的應用，包括：自駕車、智慧城市、三維地理資訊等。叢書第三冊將會對這些前瞻先進的技術與應用，進行深入的介紹。

地理資訊系統萌芽於1960年代，臺灣也早在1990年就開始正式推動，至今無論是學術或實務應用，都蓬勃發展且有具體成果，不僅提升政府管理與決策的績效，更對日常生活帶來革命性的便利。然近年科技發展日新月異，結合不同領域的知識與技術進行跨域整合儼然成為必然的趨勢，地理資訊系統也在這樣的浪潮下，不斷創新前進，期待讀者能在本叢書的內容脈絡下，瞭解地理資訊系統的發展與當前成果，進而加入行列，共同開創空間資訊科技的新里程碑。

「地理資訊科技」叢書總編輯

蔡博文　謹誌

2023年10月

序

　　自從1980年代末期Ronald Alber等人於美國國家科學基金會（National Science Foundation, NSF）籌劃成立國家地理資訊與分析中心（National Centers for Geographic Information and Analysis, NCGIA），以及1990年代初期Michael Goodchild倡議地理資訊科學研究領域以來，地理資訊系統（geographic information systems, GIS）學界就以其旺盛的研究潛力展現其成為一門新興學科的價值，跳脫以往僅作為資訊化工具的角色，地理資訊科學的研究主題涵蓋在資訊、人類，以及社會等領域的跨學科整合框架中，已經發展為尋求重新定義地理概念以及將這些概念應用於GIS的基礎研究領域。其中，公民的覺醒與參與，正是讓這個研究領域深化到社會各個層面的主要行動力量，舉凡公民參與製圖、眾包式的地理資料生產，以及自發性地理資訊等各種由下而上式的研究課題，均揭示了公民既是空間資訊消費者也是空間資訊生產者時代的來臨，我們將這種公民參與地理資訊生產過程，及其引動的各種社會空間形塑樣態稱之為公民地理資訊。

　　在一次與幾位志趣相投的研究夥伴的聚會中，剛好聊到我們這次聚會的餐廳是我參考網路地圖評價所選的，之後話題開始圍繞在網路式地理媒體已經對我們生活的各個層面產生極大的影響力，因而討論起公民地理資訊這幾年在臺灣的發展，以及十二年國教將其明列在空間資訊科技課程學習主題的這些事情上，當下大家均認為是時候整理我們過去幾年在此領域的觀察及研究心得，一起努力將公民地理資訊的概念透過專書的方式做一整體性的介紹，以更廣為被大眾所知曉，壯大這個領域的研究能量，因此就成為撰寫這本書最開始的動力來源。

　　我們擇定五個發展較為成熟的主題進行介紹，包括公眾參與地理資訊系統、對抗性地圖、自發性地理資訊、地理公民科學，以及地理媒體，這些主題雖然有其各自的發展背景與研究積累，但應用在社會實踐的過程中，

卻都往往相互引用相關的理念與方法論，例如近幾年處理原住民族傳統領域土地的對抗性地圖課題時，大多均採用公眾參與地理資訊系統的方法論進行傳統領域資訊的指認與辯證，透過集體論述的力量，強化地圖產出的對抗性。緣此，本書雖然是以分章節的方式進行各主題的書寫與介紹，但各章節的內容或案例與其他章節均可能有所重疊，而從各主題的視角來理解這些重疊，正是進入公民地理資訊的關鍵步驟。

　　本書的書寫風格朝向敘事式以及案例式的概念導引而非學術性的邏輯演繹，之所以如此，主要是希望讓這些概念以更活潑的方式為讀者所接受。如果你是想知道這個主題的一般民眾，由於臺灣已經進入成熟的公民社會，民眾的公民及資訊素養提供了公民地理資訊的發展養分，也因此民眾的生活各個層面無一不受到這些課題的影響，透過閱讀本書，你將可以瞭解公民集體生產的地理資訊，如何改變社會運作的常規以及影響我們觀看世界的方式。如果你是有興趣進入這個研究領域的學者，本書豐富研究案例與相關的理論架構，可作為協助你掌握此領域全貌的工具書，在既有的研究基礎上，發展出更具挑戰性的研究議題。如果你是正在教授或研讀高中地理課程的教師或學生，本書各章節的主題與課綱的條目高度呼應，因此適合作為教授或學習這些知識的補充教材，透過閱讀理解，思辨各主題的主要內涵，並從各個案例的梳理中，以更具象化的方式釐清這些概念的構成要素，將有助於教與學的過程中，將抽象的名詞，有效轉換成脈絡化的情境，提升學習效率。

　　本書或有不周，惠請讀者不吝指正。

《公民地理資訊》主編

丁志堅　謹識

2023 年 7 月

目次 Contents

「地理資訊科技」叢書序		I
序		V

Chapter 1　公民地理資訊
第一節	什麼是公民地理資訊	1
第二節	公民地理資訊各研究主題的發展背景	9
第三節	後續章節介紹	24

Chapter 2　公眾參與地理資訊系統
第一節	公眾參與地理資訊系統的概念與案例	33
第二節	PPGIS 的運作程序與工具	48
第三節	PPGIS 的成果產出與效益評估	59
第四節	小結	65

Chapter 3　對抗性地圖
第一節	引言：對抗製圖的坎坷特性	69
第二節	地圖上真正的複數「我們」	71
第三節	「走入歷史」來看見「傳統領域」：邵族與異族眼中的收租活動	75
第四節	個人傳記地圖：邵族毛女士的常民知識所呈現的地圖	81
第五節	我們從未繪圖過	85
第六節	結論	87

Chapter 4　自發性地理資訊

　　第一節　VGI 的發展　　　　　　　　　　　　　　94
　　第二節　VGI 的類別　　　　　　　　　　　　　　97
　　第三節　VGI 的取得　　　　　　　　　　　　　 107
　　第四節　VGI 的應用　　　　　　　　　　　　　 110
　　第五節　VGI 的隱私權及資料品質　　　　　　　 115
　　第六節　VGI 與新地理學　　　　　　　　　　　 117

Chapter 5　地理公民科學

　　第一節　公民科學的定義與特性　　　　　　　　127
　　第二節　常見的地理公民科學模式　　　　　　　130
　　第三節　GITs 如何影響公民科學的運作　　　　 136
　　第四節　結論　　　　　　　　　　　　　　　　156

Chapter 6　地理媒體

　　第一節　地理媒體與 GIS　　　　　　　　　　　162
　　第二節　地理媒體與新地理學　　　　　　　　　167
　　第三節　地理媒體、位置與地方　　　　　　　　170
　　第四節　地理媒體發展的反思　　　　　　　　　174
　　第五節　從地理媒體到公民地理資訊的實踐　　　177

　　索引　　　　　　　　　　　　　　　　　　　　185
　　附錄彩頁　　　　　　　　　　　　　　　　　　191

Chapter 1
公民地理資訊——

「公民地理資訊」此一課題，是上世紀末以來地理資訊科學界對於社會實踐的主要回應之一。受惠於公民意識的覺醒、網際網路的發展，以及個人定位工具的革新，此一課題對社會的影響力不僅加深而且加速，成為形塑社會的新興力量。本章從整體性的觀點，說明公民地理資訊的意義與內涵。第一節從人類地理資訊生產能力的被剝奪與再取得的歷史演進過程，說明地理資訊生產對人類生活的影響，並用地理資訊再取得的各種實踐方式，來定義什麼是公民地理資訊；第二節則分別介紹組成公民地理資訊的各項新興研究主題；第三節針對本書往後的各章節進行概要式的導讀，幫助讀者快速掌握此一領域的全貌。

第一節、什麼是公民地理資訊

圖像表達（graphicacy）是人類與生俱來的地理資訊溝通能力。2014年澳洲學者在印尼蘇拉威西島發現一幅洞穴壁畫（Aubert et al., 2014），畫中清楚地呈現出水牛和野豬等哺乳動物，其年代至少可追溯至4萬4000年前，顯見繪製壁畫的原始人與身處現代的我們差異不大，他們有能力和工具，以圖像的方法繪製出他們想要表達的地理資訊，透過圖畫的形式將這些資訊轉化成知識進而累積與傳播。

而手繪平面地圖的出現，最早可追溯到西元前2500年左右（Brotton, 2013），由伊拉克考古學家Hormuzd Rassam在1881年發現的巴比倫地圖（圖1-1），這幅地圖以鳥瞰的角度，將巴比倫世界以平面的方式呈現出來，圖面上以同心圓的圖案呈現巴比倫範圍，並簡單的繪製出城鎮、河流以及

圖 1-1

巴比倫地圖

資料來源：Wikimedia Commons（2021）。

周圍的七個島嶼，同時標註 "Der"、"Susa"、"Urartu" 等地名，足見人類從遠古時代就能以由上而下的抽象視角，表達腦中對地理資訊的認知。

隨著人類對環境資訊的掌握程度越來越高，手繪平面地圖記載的內容也越來越多元且精確，地圖不僅成為人類探索未知世界的敲門磚，同時也化身為人類土地開拓的「權杖」，誰能牢牢掌握這柄權杖，誰就握有更多探索世界的籌碼。這樣的橋段在歐洲地理大發現時期達到了巔峰。圖 1-2 是 1554 年葡萄牙王室所屬的製圖師羅伯歐蒙（Lopo Homem）所繪製的世界地圖，圖中可見非洲精準的形狀與數量眾多的標示，相較之下，西邊的美洲大陸僅南美的巴西尚稱精確外，其餘不僅扭曲也不完整，甚至比起東邊更遠的印度及東南亞來得粗糙，這個現象其實與繪製此圖當時的政治情勢有很大的關聯。地理大發現時代早期，兩大海上強權西班牙與葡萄牙在教宗亞歷山大六世多次協調下，於 1494 年 6 月 7 日簽訂一份最終的協議，藉以和平瓜分世界（Bourne, 1892）。條約中確立了瓜分世界的界線——教皇子午線，這條子午線的位置在今西經 46°37' 附近，也就是穿過當時葡萄牙的西非屬地維德角，與西班牙加勒比海屬地伊斯帕尼奧拉島（西班牙島）連線的中點，東邊歸屬葡萄牙，西邊歸屬西班牙，確定當時教皇子午

圖 1-2

羅伯歐蒙世界地圖

資料來源：Lopo Homem（n.d.）。

線以東的地區為葡萄牙探險家主要的探索區域，也因此造成羅伯歐蒙的世界地圖呈現出不均等的扭曲變形。

此外，手繪地圖也成為控制及占有土地的諭示。例如清朝為了軍機與行政的管理，以臺灣為主題的各種手繪地圖不斷地被繪製出來，其中最具代表性的一幅即是康熙年間（1699-1704）所繪成的長卷軸《康熙臺灣輿圖》，此圖除了繪製出清領時期的臺灣，其各官府衙署、營盤、汛塘等軍事設置地點，以及營兵、水師防線和行政區劃的界線外，亦呈現出一些跟民情風俗有關的訊息，像是番社、牛車、檳榔樹，以及捕鹿、捕兔等前人的生活資訊，當中最特別的是在南臺灣下淡水社的後山圖示上，以文字標示出：「無人一山即傀儡大山人跡不到」、「傀儡番在此山後石洞內」等字句，此地圖上清楚地透露出當時製圖者的立場，表達官署的治理範圍僅止於移民的漢人，以及平原上歸順的平埔族原住民，亦稱「熟番」。對於未歸順的後山原住民，亦稱「生番」，從「人跡不到」四個字即清楚顯示出，未把後山及後山原住民納入治理的範圍內。

從壁畫圖像發展至手繪地圖，以及地圖上所涵蓋的主題、目的、內容、範圍及精確性的演進過程來看，不難發現地圖繪製的行動是一步一步地從個人生活範圍內的圖像表達，逐漸轉變成上位者或專家在依循某種目的下，所進行的一連串地理資訊的圖像詮釋行動，一般人則漸漸地從地圖繪製過程中被抽離出來，例如圖1-2即是葡萄牙王室為了開疆闢土所開展的製圖行動。因為上述這些所謂的「菁英地圖」不斷地被產製與散播，造成地圖不再僅是一種記錄與溝通人與人之間地理資訊的工具，而是慢慢地轉化成人類學習與理解外在未知世界的途徑，圖面上的地理資訊成為一般人建構環境認知的主要媒材，人們僅能以地圖上他者的角度來認識世界，而且深信不疑。想像一下若你是康熙年間渡海的漢人，對於進入後山開墾，是否會因康熙臺灣輿圖的資訊而心生恐懼、裹足不前？由此即可感受到地圖的力量。

　　隨著科學的巨輪不斷地向前推動，幾何學、測量技術、攝影術以及平版印刷術等理論與科技的創新，帶動地圖技術不斷地革新，不但機械工藝所產製的地圖取代了手繪地圖，成為承載人類地理資訊的主要工具，而且標示於地圖內的地理資訊也越來越多元，位置越來越精準，科學化、精準化以及大量複製的地圖，讓一般人能更快速地接收各式各樣的地理資訊，但也因繪製地圖的成本高昂，讓生產地理資訊的門檻也跟著越墊越高，導致一般民眾進一步遠離地理資訊的生產過程。不僅如此，因為地圖包裹著科學化與精準化的外衣，一般民眾對於地圖內容所形成的詮釋力量的警戒心越來越低，天真的相信地圖上的地理資訊代表著外在世界的真理，沒有懷疑的理由，我們的世界就是以這樣的方式存在與運行。麥卡托投影地圖造成世界觀的扭曲，正可用來說明此一現象。15世紀因航海需求而被創造出來的麥卡托投影，由於必須維持羅盤方向線為直線的特性，因此在地圖上越高緯度的地區被放大變形的程度越明顯，而且由於此投影方式被大量的運用於世界地圖的繪製，造成人類對真實世界認知的曲解，總認為北方的世界比南方大很多。有一個很有趣的網站名為 The True Size of⋯

（https://thetruesize.com），就是在挑戰麥卡托投影所導致的真實世界認知扭曲的現象。圖1-3為利用麥卡托投影繪製的一般地圖，可以看到中高緯度的幾個大國，包括俄國、美國、中國的國家邊界，其面積幾乎占了世界總面積的一半，但是如果以相同的投影方式，把這三個國家移至低緯度地區（圖1-4），再同樣以麥卡托投影進行繪製，很容易可以發現這三個國家的面積總和比非洲大不了多少。因此，我們不能全然相信地圖。

官方出版的基本圖是另外一個可以強化說明此一概念的案例。圖1-5為丹大地區1990年經建版第一版五萬分之一地形圖（圖中的圖釘與地名為布農族人所添加），圖上以等高線標示出崎嶇的地形，標高數字代表山頂的高度，塊狀物符號為崩塌地，另外還標示出信義鄉與萬榮鄉的行政界線、林道，以及台電公司維護人員巡修過夜與存放維修器材的保線所。對比圖1-6同樣位於南投縣的其他地區，除了地形、土地覆蓋、設施、行政界線等圖示外，還包含了豐富的地名資訊。相較兩張地圖所顯示的地理資訊，丹大顯得山林一片、人跡不至，但事實真的是這個樣子嗎？從目前

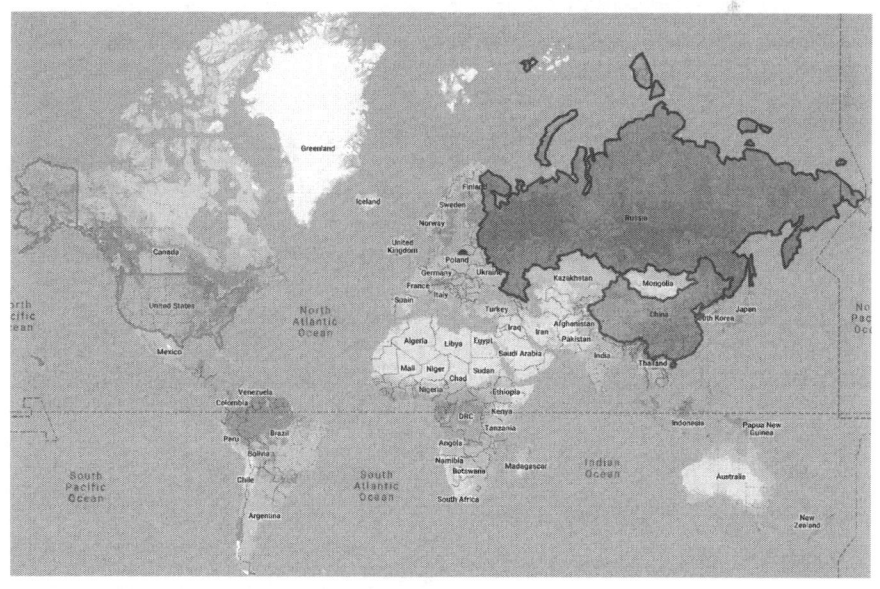

圖 1-3

麥卡托投影繪製的俄國、美國、中國

資料來源：Talmage 與 Maneice (n.d.)。

圖 1-4

將三個國家移動至低緯的繪製結果

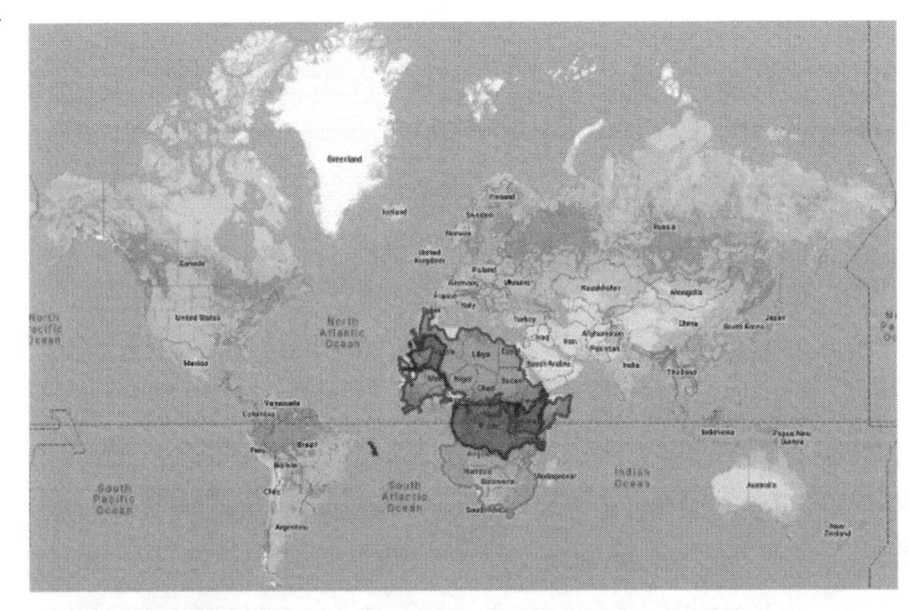

資料來源：Talmage 與 Maneice（n.d.）。

圖 1-5

丹大地區1990年經建版第一版五萬分之一地形圖（圖中的圖釘與地名為布農族人所添加）

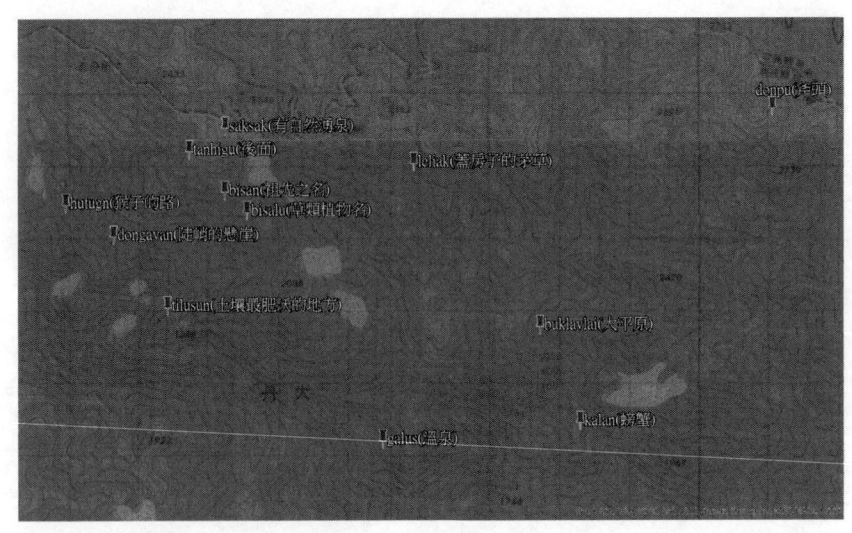

資料來源：地理資訊科學專題研究中心（無日期）。
註：彩圖請見附錄彩頁，頁191。

居住在信義鄉地利村，因日治時期集團移住政策被遷居的布農族人所繪製的部落地圖中（圖1-5上的圖釘符號）可以發現，丹大地區充滿著文化的

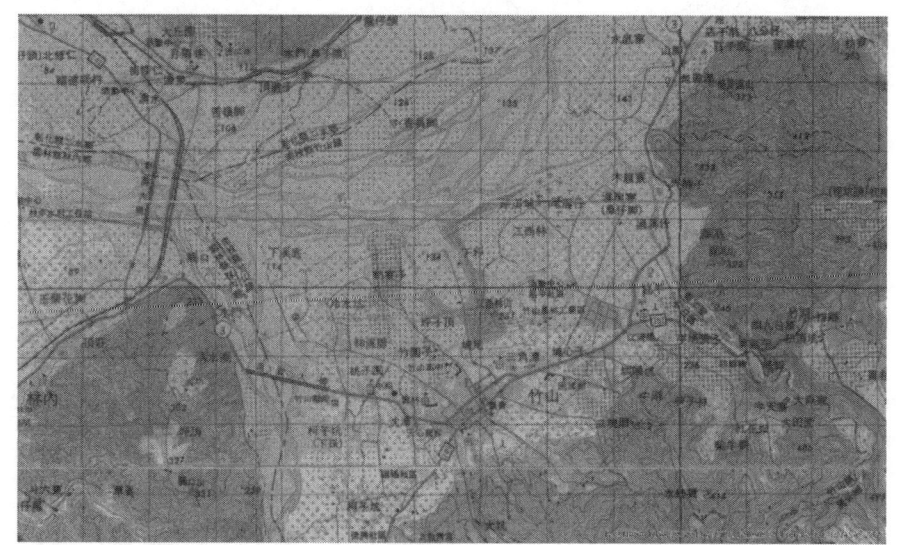

圖 1-6

南投縣平地地區1990年經建版第一版五萬分之一地形圖

資料來源：地理資訊科學專題研究中心（無日期）。

刻痕與人類活動的足跡，各式各樣的地名資訊（包括生態、地形、地物、植生、土地利用等）遍布在這片美麗的山林，只是官方主流地圖沒有呈現出來罷了。因此若僅從官方地形圖所呈現的資訊來認識這個地區，往往就會忽略其深厚的人地互動底蘊，而造成對空間認知的誤解。也就是說地圖上的地理資訊內容是一種被選擇與過濾後的結果，而這種結果會影響人類對真實世界的認知。地圖上沒有呈現的地理資訊不代表沒有，只是繪製地圖的人沒告訴我們罷了。

隨著數位化浪潮的興起，地圖不再是記錄地理資訊的主要角色，取而代之的是技術門檻更高的數值資料庫。相較於地圖表達的固著性樣態，儲存於資料庫內的數值式地理資訊，經由地理資訊系統（geographic information systems, GIS）的處理與分析後，能以客觀且精準的方式動態地呈現地圖，此種動態的地理資訊疊加與資訊推導技術，成為當代政策制訂的科學化工具，不僅更深化了地理資訊對人類生活的影響，同時也因數值資料庫的生產門檻比起傳統地圖更為高昂，讓一般民眾跟地理資訊的生產過程，形成了更難以逾越的鴻溝，而被排除於政策制訂的過程。透過數

值式資料庫的國土利用規劃政策制訂的方式,即為用來說明此概念的典型案例。

　　由於土地利用規劃的過程中需整合眾多的地理資訊,因此許多國家的管理單位均花費大量的成本,建置與國土規劃相關的數值資料庫,圖1-7即為我國內政部營建署城鄉發展分署所建置的國土規劃地理資訊圖台網站（http://nsp.tcd.gov.tw/ngis）,網站中包含大量的資料,如大比例尺地形圖、都市計畫圖、非都市使用分區圖、各類環境敏感地區圖、災害潛勢圖、正射影像、衛星影像等,每一項資料都是耗費大量時間與金錢、使用專業儀器、經由大規模的資料收集程序所建置而成的地理資料庫,政府與專業規劃者可以透過這些資料進行地理資訊分析,再利用分析結果制訂與民眾生活息息相關的國土規劃政策。然而這看似理性且公正的政策制訂邏輯,卻隱含著因為一般民眾被排除在地理資訊生產過程之外,所形成的根本性問題,要理解這個問題,首先必須瞭解地理資訊的生產與應用,絕對不僅僅是將真實世界轉譯成空間語彙,再經由GIS處理分析,最終以圖像表達其結果的技術性問題,而是一種透過地理資訊形塑社會結構的權力過程。從上述的案例來討論,政府和專業人士根據可獲得的數值式地理資訊,並依據其專業判斷,有意識地選擇出最合適的地理資訊分析流程,並利用他

圖 1-7

國土規劃地理資訊圖台

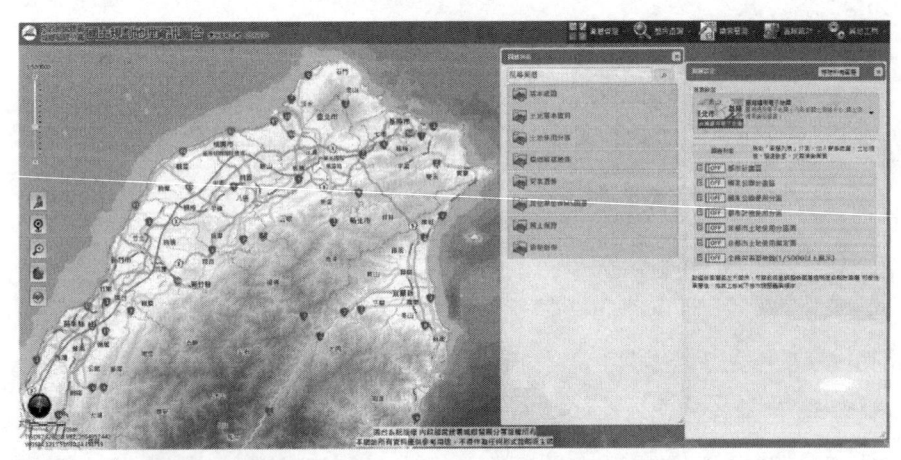

資料來源:內政部營建署城鄉發展分署（無日期）。

們認為的科學理性結果，製作出更具權威性的地圖與成果報告，說服一般民眾政策制訂的合理性，而一般民眾由於無法提供可資辯證的相關地理資訊，同時也缺乏技術分析的能力，難以挑戰這種官方的說帖，只能臣服於此種由上而下的理性邏輯中，因而逐漸失去公共政策的參與權。誰擁有地理資訊，誰就擁有發聲權力的思維與運作邏輯，在數位化的年代達到頂峰。

民眾持續被抽離出地理資訊生產的運作軌跡，及其所導致的權力剝奪現象，會是一條永不下降的線型函數嗎？社會的運作法則總是會在適當的時刻發揮調和鼎鼐的關鍵作用，一般民眾的地理資訊生產本能被奪權的歷史發展宿命，近年來開始產生轉變。一種由下而上的地理資訊生產機制，我們稱之為公民地理資訊，開始活躍在地理資訊科學的研究領域當中，從最近相關的學術研究課題，包括公眾參與地理資訊系統（public participation GIS, PPGIS）、對抗性地圖（counter mapping）、自發性地理資訊（volunteered geographic information, VGI）、地理公民科學（geographical citizen science）等，以及這些課題所形成之地理媒體（geomedia）效應對社會影響的相關學術文章與報告如雨後春筍般地出現，即可嗅出轉變的端倪，這些研究課題均擁有一個共同的理念，即如何讓一般民眾重新取回地理資訊的生產權力，同時也深刻探討這種由下而上的公民地理資訊如何改變社會的運作。本書往後的各個章節將會深入探討這些研究主題。

第二節、公民地理資訊各研究主題的發展背景

本節將針對公民地理資訊的各個研究主題，從其發展背景以及基本理念，進行統整性地介紹。

一、PPGIS

所謂PPGIS是一種由下而上的參與式決策方法，主要是透過面對面的工作坊形式，或者較不受時空限制的網路參與形式，以GIS為平台，讓相關的權益關係人針對特定的公共議題進行討論與辯證，進而形成共識與結論的決策目標。其原則為決策過程中採納公民的在地資料、整合各種空間資訊，以及允許權益關係人即時舉證資料（Sieber, 2006），讓PPGIS成為在地民眾獲得決策發聲權的管道之一。因此PPGIS可以說是一種研究與技術發展途徑，目的是透過各種方法，讓所有受到政策影響的權益關係人，均能利用GIS與其他空間決策工具來生產並分析相關地理資訊，進而參與決策（Schroeder, 1996）。這種研究途徑之所以會在當代成形，且日益重要，主要是來自學界對GIS研究發展的反省。由於GIS在政策制訂的應用上越來越普及，加上科技應用及資料生產的門檻過高，造成在社會實踐的過程中產生權力不對等的結構，因此學界紛紛疾呼，GIS的發展需更關注在如何賦權給社會中較無權力者。

關於PPGIS這一個專有名詞的起源，有一說是來自於1990年代中期的規劃學界（Obermeyer, 1998）。當時緬因大學計畫舉辦一場研討會，討論如何透過強化GIS的使用，幫助歷來在公共政策制訂過程中，長期處於劣勢的非政府組織及個人取得發聲權，從當時工作討論的電子書信往來的內容中可以發現，有一場講習班建議使用公眾參與這個名詞當成講習班的標題，因為公眾參與是規劃界長期使用的名詞，每個參與的學者都很熟悉，而且這些規劃學界的學者許多也都長期使用GIS在其學術工作上，因此就讓PPGIS這個專有名詞有了出現的契機，用來指稱利用GIS或其他空間資訊技術參與官方決策的各種方法。

儘管有這一段插曲，但根據Obermeyer（1998）的說法，PPGIS成為正式的研究議題是源自於美國國家地理資訊與分析中心（National Center for Geographic Information and Analysis, NCGIA）所舉辦的兩場學術會議，第一場會議於1993年11月在美國華盛頓州富來得港舉行，該會議的

主題圍繞在GIS與社會，會議成果後來收錄在1995年1月出版的《地圖與地理資訊系統》（*Cartography and Geographic Information Systems*）期刊，成為最早推廣此一研究議題的代表性刊物。第二場會議則是1996年春天NCGIA在明尼蘇達大學舉辦的專家會議，此會議是為了制訂GIS與社會的研究方向，其中成立了一組公眾參與學術小組來負責推動此一研究議題。這兩場會議均致力發展下一代GIS，因此包括GIS賦權給社會上較無權力的群體，以及GIS須涵括更多非官方的聲音等倡議均被提出。到了1997年NCGIA在緬因大學舉辦了一場PPGIS工作坊，就是在這個會議裡將此名詞於學術領域中定調，致力於推動PPGIS的應用，以期提高官方決策的透明度並改善政府政策的制訂過程。

　　此時期的PPGIS關注主題在於反省GIS技術的發展不應僅將其視為一種技術的課題，而是必須進一步將其視為影響社會建構的工具。由於普通公民越來越難參與在透過GIS制訂政策的過程中，讓GIS陷入究竟是作為民主化的力量，還是剝奪公民權利工具的兩難局面，所以PPGIS旨在發展GIS成為更適合普通公民和非政府組織投入的工具。

　　PPGIS的研究一開始多圍繞在GIS的社會實踐個案，一路發展下來也開始蛻變與轉化，許多研究者認為PPGIS應該更重視理論的建構而非個案式的經驗累積。究竟構成PPGIS的理論基礎為何？這個問題的答案雖然迄今尚未有定論，但是若從已被探討的社會實踐過程來思考，可以確認的是與其他資訊系統技術不同，PPGIS是一種在實踐過程中不斷發展的方法論，因此Sieber（2006）認為需要從四個面向來關注PPGIS的發展，分別是（一）PPGIS適合在哪些場域以及被哪些人使用？也就是PPGIS的過程需涵蓋地方的脈絡，以及梳理出參與者的角色（一般民眾或權益關係人）在PPGIS過程的定位。（二）PPGIS的技術發展與資料的可及性與代表性為何？包括牽涉到GIS技術性課題、官方資料的可及性、對在地資料的重視，以及參與者知識須有效地轉化成空間資訊等相關課題。（三）PPGIS的實踐過程為何？包括GIS的分析是否能真實反映出參與者的訴求、過程是否真的落實

充分的溝通與協調、決策結果是否反映各方觀點等。（四）如何評估PPGIS的產出？除了結果是否達成預期的目標外，對於當地組織、社群、參與者等各種角色，是否因PPGIS過程充分達成賦權，均是重要的研究課題。

二、對抗性地圖

對抗性地圖究竟圖些什麼？或許是圖地吧！這個理念的創發，如同Harley（1989, p. 13）指出：「權力來自於地圖且迴盪在整個地圖生產的過程……登錄世界是為了占有世界。」地圖透過其建構世界的能力，而非複製世界的能力（Wood & Fels, 1992），使得依賴它來理解世界所架構出的知識體系，已經把真實與地圖充分合而為一了。當Peluso（1995）提出對抗性地圖的理念時，主要在描述印尼加里曼丹達雅族（Dayak）原住民爭取雨林傳統領域的一連串行動，將對抗性地圖的繪製過程及產出，作為一種土地詮釋的手段，利用地圖產生的意義，宣示握有土地的權力。因而對抗性地圖的發展，與原住民族爭取生存權而進行的原住民族部落地圖運動，有著密不可分的關係，也就是說部落地圖就是一齣對抗性地圖實踐的紀錄片，要理解對抗性地圖的概念與發展，可從部落地圖繪製的進程來理解。

學者Robert A. Rundstrom為了描述以地圖作為土地登記（inscription）依據的西方文明所帶來的美洲原住民土地掠奪史，在其1995年發表的一篇文章裡（Rundstrom, 1995），轉述《原住民的證詞》（*Native American Testimony: A Chronicle of Indian-White Relations From Prophecy to the Present, 1492-1992*）（Nabokov, 1991）這本書中的一段故事，這是一個頗值得令人細細思索的小故事，其發生的背景在1873年的美國，11月1日當天兩位奧托族的首領（他們的名字分別為Stand By跟Medicine Horse）在首府華盛頓參加一場為期3天的印地安保留地會議，討論如何將奧托族從內布拉斯加州移至印地安保留地範圍內，會議的第二天與印地安事務委員會官員Edward P. Smith有一段對話：

委員會官員：把事情寫在紙上會比只記在你的腦袋裡保存的時間更長。當你的腦袋不管用的時候，你的子孫仍然可以從這份文件（協議條約）記載的內容，瞭解我們現在是如何用這筆錢來達成共識的。

首領Stand By：白人怎麼會用這種方式來處理自己的產業呢？

委員會官員：如果白人是你的小孩，而你是他們的監護人，你當然可以用他們的錢做你認為對他們有好處的事情啊！

首領Medicine Horse：我們不是白人的小孩！！我們是大人！！而且之前在訂定這項協議的時候，我完全不曉得會造成這樣的後果。

委員會官員：除了這張你曾經簽過名的文件外，我完全不曉得當時你們訂定這項協議的時候發生過什麼事情。現在所提的這項提議完全是為了你們好，如果會對你們造成傷害，我是不會提出來的。

首領Medicine Horse：這位師傅！（講話的時候）請看著我，不要只是看著桌子。

委員會官員：我正在忙著寫東西。

　　從這個故事中可以清楚的感受到，白人社會的文件證據思維，對於原住民族口耳相傳的口頭約定文化慣習，多少帶點輕蔑的意思，而且在文件證據不對等的狀態下，白人即開始用西方的邏輯作為證據進行原住民族土地的掠奪。因此當原住民族主張利用部落地圖，作為控訴西方霸權以地圖為工具所掀起的原住民土地掠奪史，進而欲以部落地圖為手段索回屬於原住民傳統生活領域的土地時，並非放棄自身的文化慣習，而是因為妥協於文件證據的知識體系對於圈劃土地所有權的邏輯，因此才以「他者」的作法，將部落地圖視為是一種對抗性地圖，爭取祖先的土地。

　　在這種妥協與不得不然的前提下，如何在地圖中正確及完整地再現原

住民族觀照生存環境的方式，便成為部落地圖能否成功對抗的重要依據，因此便在世界各地發展出不同的部落地圖繪製的方法（Chapin, Lamb, & Threlkeld, 2005）。地圖傳記（map biography）是1960年代北美加拿大地區原住民族保存與主張土地所有權時採用的方法（Usher, Tough, & Galois, 1992），這種方法是以每個個人的生活經驗為基礎，將傳統慣習的活動點滴登錄在大比例尺的紙本地圖上，再整合這些資訊，作為界定傳統領域範圍的文件證據（Tobias, 2000）。相對於這種個人傳記式的方法，1990年代在東南亞地區受到參與式鄉村評價法（participatory rural appraisal, PRA）的影響，發展出結合參與式理念的參與式部落繪圖（participatory mapping）方法（Flavelle, 2002; Fox, 2002; Rambaldi & Callosa-Tarr, 2002），由於參與式鄉村評價是一套在規劃及決策的過程中，讓在地居民分享、強化及分析本身生活知識的參與式技術（Chambers, 1994），因此參與式部落繪圖可更進一步經由參與者對傳統領域知識的討論、溝通、辯證與妥協，達成相互學習、多元檢證與共識凝聚的目標，提升部落地圖的知識表達能力以及對於傳統領域主張的證據力。

　　受到空間資訊科技快速發展的影響，參與式部落地圖繪製方法也逐漸與空間資訊技術整合，除了利用遙感探測（remote sensing）與全球定位系統（Global Positioning System, GPS）可得到更精準的傳統領域空間資訊之外，利用GIS更可將繪製於紙本地圖上的點、線、面符號資訊數值化，透過與不同資料整合讓部落地圖的表現具有更大的彈性（Herlihy & Knapp, 2003; Rambaldi & Callosa-Tarr, 2002; Tobias, 2000），更重要的一點是，結合地理資訊的參與式部落地圖繪製過程，即是一種公民地理資訊的實踐，符合前述公眾參與GIS決策規劃理念。結合PPGIS的參與式部落地圖繪製方法，除了可有效記錄知識及落實參與的理念外，進一步可以在部落地圖的繪製過程中充分賦權部落及居民，更重要的是在捍衛傳統領域的公眾決策中，以PPGIS方法進行的部落地圖繪製，將能讓部落有效提供屬於原住民觀點的資料於決策的資訊平台中，進而取得公眾議題論述的主導權。

部落地圖的濫觴開啟了對抗性地圖在社會各個層面遍地開花的迴響。美國警察暴力地圖網站（https://mappingpoliceviolence.org）（圖1-8），即是一個很典型的對抗性地圖案例，此地圖是為了對抗官方統計資料中，一直嚴重低報被警察奪走性命的被害人數量，因而結合網際網路技術，讓被害者家屬以及有志的群眾，進行資料的查報與更新，完整地呈現相關的統計數字及被害人分布範圍，以地圖的力量，用以推動美國司法制度的改革。

　　近年來舉凡都市計畫、遷村、道路拓寬、保護區劃設等課題，均可見到基層民眾或組織，利用地圖來陳述意見、呈現證據等對抗性地圖概念的相關作為，成為公民地理資訊生產的重要力量之一。

三、自發性地理資訊

　　未來學家Alvin Toffler在1980年出版一本名為《第三波》（*The Third Wave*）的書中（Toffler, 1980），指出人類歷史上有三次的大波動，第一波

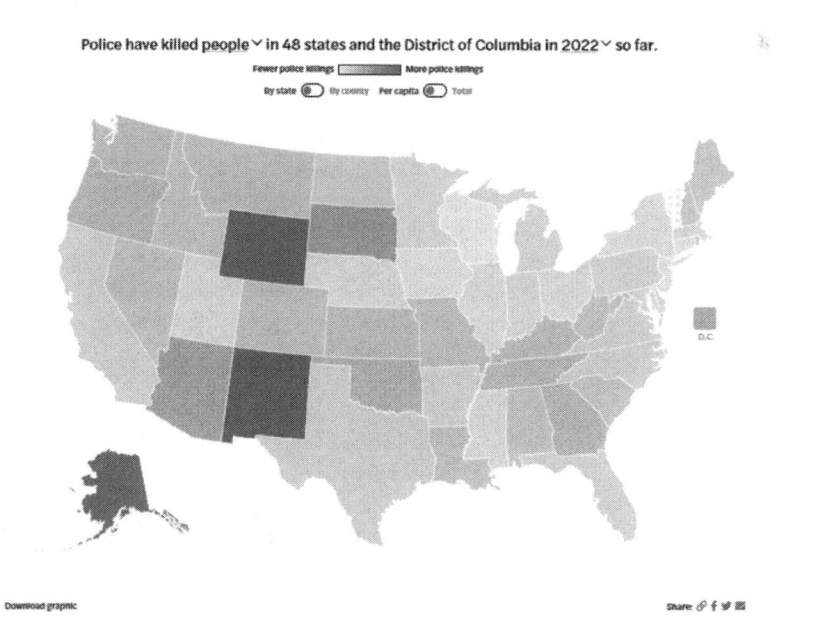

圖 1-8

美國警察暴力地圖

資料來源：Campaign Zero (n.d.)。

是新石器革命，從狩獵採集轉變到農業社會；第二波是從農業社會進入工業化社會；而現今所處的第三波為後工業化社會，其中最創新性的概念之一即為資訊化社會。在資訊化社會時代中，影響人類最深的關鍵技術之一為網際網路的發明與普及，不僅改變人類溝通的方式與強度，更是讓人類的知識生產與獲取有了全新的定義，知識不再菁英化，成為資訊化社會普遍的常態，這當中最具代表性的創新之一即為維基百科。Jimmy Wales與Lawrence Sanger於2001年時，使用Ward Cunningham的程式，提供「全球資訊網上開放、可供眾人協力寫作的超文字連結系統」，正式推出一套以網際網路為基底，集眾人之力協作的線上百科全書，為了幫這個系統取名，Ward Cunningham有一次在夏威夷機場坐巴士時，聽到了"Wiki-Wiki"這詞彙，意思是「快點快點」，便用它作為系統名稱，Wikipedia這款免費的線上百科全書因而誕生，讓全人類共同打造知識庫的概念得以實現。

　　這種透過互動式網際網路技術，實現集體知識生產的開放協作文化，也在地理資訊界引起了共鳴，開放街圖（OpenStreetMap, OSM）平台就是其中最具代表性的產物之一，它是來自英國的線上地圖協作計畫，在2004年由Steve Coast所發起，採用類似Wiki的協作編輯以及開放授權格式，讓任何人都可以在這個系統上登錄地理資訊，參與地圖繪製的工作，截至此時，全球已經超過900萬個人註冊成為OSM的資料提供者，並自願提供了將近129億個點位資訊，以及將近9億條線段的資訊（https://www.openstreetmap.org/stats/data_stats.html），此舉不僅實現全人類共同打造地理資料庫的理想，更讓OSM可以跟許多大型公司的商用網際網路電子地圖網站如Google Maps、Bing Maps，以及Apple Maps分庭抗禮。OSM快速興起的現象，某種程度上來說也是一種公民（網民）由下而上對抗式概念的實踐，要對抗的是不能只讓私人公司決定何種資訊被放置在電子地圖上，更是不能只讓私人公司決定我們生活周遭的樣態如何被表達在地圖上，更重要的，在對抗使用商用電子地圖網站的同時，我們也成為電子地

圖網站的資料收集者而產生了隱私權疑慮，因此才會有越來越多使用者願意投身至OSM的資料建置。

　　Goodchild（2007）將這種個人不求報酬，自願投入地理資訊生產工作所產出的資訊，稱之為VGI，VGI之所以在現代社會蓬勃發展，除了現代公民的資訊素養有顯著提升這個因素之外，亦是多種技術均臻成熟所致，包括網路設備、雙向互動的Web 2.0技術、GIS，以及空間定位科技，不過智慧型手機的發明才是讓這一切可以整合在一個手掌般大小的機器，讓民眾願意隨身攜帶，隨時自願上網提供資訊的重要推手。為什麼這麼說呢？以空間定位技術為例，GPS是美國國防部在1980年代末期即已建置完成的系統，是開放給民間使用的空間定位技術，美國麥哲倫導航定位公司（Magellan Corporation）在當時即推出一款3,000美元左右的商用手持式接收儀NAV 1000（圖1-9），但這種只有定位功能的產品，僅專業人士才有使用需求，一般民眾往往興趣缺缺。直到Benefon這家公司，於1999年在個人手機中加入了GPS定位功能，推出了Benefon Esc!這個產品，成為第一款內置GPS的手機而成功吸引消費者的目光後，才讓空間定位技術

圖 1-9

NAV 1000

資料來源：Retro-GPS（n.d）。

成為了之後智慧型手機的標準配備，讓人手一機隨身攜帶GPS的可能性得以實現，因而拓展VGI的來源，使其遍布在全球各個角落。

由於VGI相關研究不斷地被提出，特別是大數據研究的興起，VGI這個詞彙與Goodchild（2007）一開始提出時的概念已經有了不少的轉化，Goodchild認為VGI是使用者有目的性地分享資訊，主動參與空間資料的生產，但是近年來興起的社群媒體成為了民眾主要分享資訊的平台，而且民眾也多以空間標示（geotags）的方式分享地點等空間資訊，許多以VGI作為大數據分析對象的專案或研究，多把社群網站作為收集民眾空間資訊的重要來源，在這種狀況下，民眾雖然也是主動地分享資訊，但其最初的目的有可能是為友人介紹餐廳、分享美景、規劃路線等，而不是被專案或研究進行分析的目的（Fischer, 2012），也就是說民眾可能是在不知情的狀況下，被動地讓不同單位使用其分享的空間資訊，這樣的方式讓VGI所包含的範疇更加廣泛，一般可劃分為被動資料與主動資料，其中被動VGI資料以各種形式（包含打卡、帶有位置座標的照片或評論等）存在於網際網路世界，若要取得並運用這些資料，必須整合相關的資訊獲取技術及資料分析能力。而圖1-10顯示主動VGI資料若與公民科學（citizen science）領域整合，即為所謂的地理公民科學（Arias de Reyna & Simoes, 2016），這個主題所涉及的相關概念與發展方向，將在接下來的段落中進一步闡述。

四、地理公民科學

西元2000年底，美國國家航空暨太空總署（National Aeronautics and Space Administration, NASA）展開一項科學實驗計畫（Kanefsky, Barlow, & Gulick, 2001），其目的是想要瞭解民眾是否願意提供自身的閒暇時間自願參與科學研究工作？以及透過民眾參與的科學研究工作是否可以做得跟專家一樣出色？為了達成這個目的，他們設計了一個名為點擊工人（Click Workers）的網站（http://www.nasaclickworkers.com/classic/crater-

圖 1-10

地理公民科學概念圖

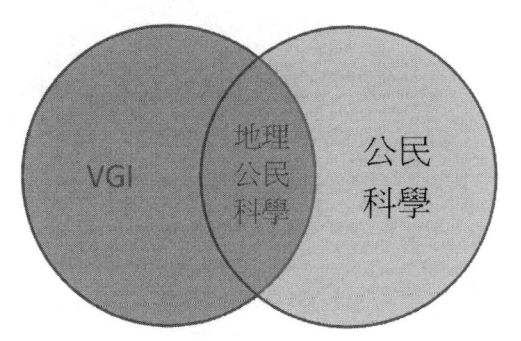

資料來源：Arias de Reyna 與 Simoes（2016）。

marking.html），請自願參與的民眾協助判釋火星表面上的隕石坑，參與者須先透過幾幅樣區影像的前期訓練，學會判釋隕石坑後，他們所要做的工作是在影像上點擊隕石坑周圍的四個點，以形成隕石坑空間位置的紅色圓圈，並被要求須進一步檢核誤差，若所形成的圓圈誤差過大，系統會自動要求參與者重新點擊。此外，若所形成的圓圈與影像上的隕石坑空間位置差距過大，參與者也能依據其自身的判斷重新進行點擊，資料檢核完成就能將判釋結果的空間座標點位回傳給NASA的資料庫，之後科學研究人員就可以根據這些空間資料進一步分析，計算火星上不同地區的地質年齡。這項研究計畫於2001年9月結束，根據NASA的統計，點擊工人計畫期間總共吸引101,000個志願民眾參與，共花費14,000個工作小時，完成了2,378,820個隕石坑的判釋工作。這項科學實驗計畫進一步透過大數據資料分析的方法，統整民眾點擊判釋的隕石坑空間位置資訊，得出的結論是，自願者可以精準地圈畫出火星上各個隕石坑的位置，其精準度與專家花費大量時間判釋的結果比較起來，一點都不遜色，而且若用這些資料來計算火星表面的地質年齡，其結果的正確性也是不遑多讓，這項結果不僅驗證了社會學學者Alan Irwin所提之公民科學概念的可行性（Irwin, 1995），更說明了VGI的實用價值。

更值得一提的是，Click Workers計畫顯示出Web 2.0技術成熟後的眾包（crowdsourcing）模式，大大提升了公民科學的效能。「眾包」這個詞

彙，首見於《連線》(*Wired*)數位雜誌的長期特約編輯 Jeff Howe 於 2006 年所寫的一篇文章"The Rise of Crowdsourcing"，它是群眾（crowd）與外包（outsourcing）兩個字詞的混成詞，意思是將工作外包給網際網路上廣大的群眾（Schenk & Guittard, 2009），透過眾包的方式，科學家將研究過程的資料收集或資料分析等複雜任務，拆解成多個較為簡單的小任務，並透過網際網路將這些任務派送給有興趣參與的群眾，讓他們以公民科學家的身分，運用其閒暇時間參與這些科學研究，再透過網際網路將任務結果回傳給科學家進行後續的研究工作，以攜手促成科學的進步。

　　Haklay（2013）認為在 VGI 的研究範疇中，有一部分特別關注公民科學的次領域，因此他率先提出地理公民科學的概念，而 Arias de Reyna 與 Simoes（2016）更是直接定義 VGI 跟公民科學的整合就是地理公民科學（圖1-10）。因群眾作為公民科學家參與科學研究，不僅可提升科學研究資料收集的效率與廣度，更可打破菁英科學的權力不對等結構，讓民眾透過其所貢獻的地理資訊，促進科學研究成果。

　　地理公民科學的資料取得過程須特別注意資料品質的問題，由於每個公民科學家的先備知識、能力與所能付出的參與時間均不相同，透過眾包的方式取得的地理資訊，其資料品質或有不同，因此需發展相應之資料檢核機制。上述 Click Workers 計畫，在資料收集的前端介面提供隕石坑圓圈自動檢核、公民科學家自我檢核，以及後端資料庫的資料不一致性檢核，即是用來確保資料品質的積極做法，採用最正確的資料進行科學研究。不過，在地理公民科學領域中有另一種看待資料的方式正在形成中，他們認為透過地理公民科學所收集到資料本來就充滿各式各樣的異質性與可能性，科學家應尊重並善用這種異質的優勢，讓在地且即時的資料豐富科學研究的內容，提出有別於制式的科學研究程序過程外，另一種解讀資料的觀點。

五、地理媒體——公民地理資訊對社會的影響

前述各種公民地理資訊研究主題，正以我們料想不到的強度與速度，結合網際網路的雙向媒體效應，改變資訊化社會的運作的方式，這種效應，被稱之為地理媒體。

20世紀初，美國哲學家John Dewey，在其所著的《民主與教育》（*Democracy and Education: An Introduction to the Philosophy of Education*）這本書中提到，「社會不僅藉由傳播、溝通而存在，持平地說，社會存在於傳播和溝通之中」（Dewey, 1923, p. 5），這個說法清楚指出，社會是藉由人際溝通與媒體傳播一同交織共構而存在的互生樣態，但隨著資訊科技的蓬勃發展，社會正在經歷一場數位化的革新，如同Manuel Castells所宣示的網路社會的崛起（Castells, 2011），網際網路的發展，不僅影響了生產方式及經濟生活的樣態、打破資訊流動的時間與空間限制，同時也深深改變了人際溝通與媒體傳播對社會構成的平衡關係，「所有事物都被媒體化」，2008年Sonia Livingstone在國際傳播學會主席任內的演講就這麼闡述。

傳統的大眾媒體傳播方式如報紙、電視、廣播、雜誌等，多半是從訊息的提供中心（報社、電視台），透過有限的篇幅（報紙的版面）、或特定的時間與空間（受眾的通勤時間或家裡的客廳），單向地傳播資訊，這種方式雖然可以主導社會主流想法的走向，但卻無法完全取代人際互動的網絡關係所建構的社會價值。不過進到了網際網路社會的時代，隨著各種社群媒體的興起，過去作為訊息接收者的閱聽大眾，也開始成為訊息的提供者，每個人不僅從多方接收資訊，同時也向多方發送資訊，透過隨身且便捷的個人行動設備（如智慧型手機），讓多元資訊的流動方式更加不受時間與空間的限制，民眾開始習慣於利用網際網路所形成的媒體環境來溝通訊息並實現自我價值。

地理資訊技術與網際網路媒體環境的整合，讓發展中的數位網路科技對社會的影響不僅加深且加速，例如個人行動設備加入全球衛星定位技術，結合適地性服務功能，民眾可透過地點打卡、訊息地理標籤化等方式，報導各式各樣整合空間資訊的訊息，同時各方的來源訊息，也可根據民眾所在地，主動進行在地性的推播，讓虛擬世界的資訊流動與真實世界的地方感知充分整合，形成如Thielmann（2010）所揭示的媒體空間化（locative media）與地方媒體化（mediated localities）兩個主要概念。

風靡一時的小丑階梯事件，可為上述概念提供最佳的印證。2019年上映的美國電影《小丑》（Jocker），描述一位因車禍而患有情緒調節障礙的社會底層喜劇演員，因長期受到社會的忽略、排擠與霸凌，成為令人聞風喪膽的超級大反派的發展過程，電影中的一座階梯，原本是男主角每天扛著受社會嘲弄而身形佝僂的回家路線，但後來他終於擺脫世俗眼光的束縛，在這座階梯上以一支戲劇化的獨舞華麗轉身，引起觀眾的共鳴。由於這部電影主要拍攝的地點為紐約市區，這座階梯的所在地便成為影迷急欲尋找的地點，起先有一名IG帳號為behindthescenesnyc的網友找到這個地點，發文表示在Google Maps上搜尋"1170 Shakespeare Avenue, Bronx, NY"就能找到這座階梯，引來許多影迷透過Google街景按圖索驥前來一睹風采，且爭相在Twitter、iFunny等社群媒體平台上製作內容，打卡推送或轉發，不但讓#jokerstairs成為熱門的hashtag，甚至在Google Maps上可以找到被歸類為宗教目的地（你沒看錯，真的是宗教目的地）的地標"Joker Stairs"，媒體與空間資訊整合所造就的媒體空間化的傳播力量，讓無論是否看過這部電影的閱聽大眾，都已在虛擬的資訊流動空間中實踐了地方形塑（place making）的現象。然而居住在這個真實空間的當地居民對於這件事卻非常不以為然，因為這座階梯是居民日常生活的主要通行步道，也被部分居民視為是犯罪猖獗又偏僻落後的地方，但因為慕名而來的遊客實在太多，嚴重影響他們的生活作息，為了表示抗議，不少居民在Google Maps上檢舉

這是個不實的地點，以至於Google在很短的時間即將此地標從地圖上移除，顯現出地方媒體化與真實地方感之間的斷裂與衝突。

傳播學界將這種透過網路技術，把社群媒體與地理資訊科技整合所創造出新的社會媒體環境稱之為地理媒體，這與地理資訊科學界所興起的媒體化研究主題，如GIS as Media以及Media as GIS等（Sui & Goodchild, 2001, 2011），均有類似的研究旨趣與探討課題。McQuire（2016）認為，地理媒體具備四個主要特徵，（一）無處不在（ubiquity）：任何時間、地點均可持續接收與傳播媒體訊息；（二）位置感知（location awareness）：地點訊息不但是傳播的主要內容之一，同時也是推播主題內容的構成要素；（三）即時回饋（real-time feedback）：隨時能從多方接收資訊也能向多方發送資訊；（四）交融匯流（convergence）：傳統媒體與地理媒體相互整合，傳統媒體多利用地理資訊技術傳播訊息，地理媒體傳播的內容也多取材自傳統媒體。由於這些特徵使然，亦使得民眾與地理媒體之間的關係落入了一種矛盾與糾結的境地，民眾一方面因地理媒體解放了資訊傳播的來源、時間與空間的限制，產生前所未有的媒體自由，但也掉入了無法脫離地理媒體的無形枷鎖。

凡走過必留下痕跡，地理媒體環境的成形，讓網路社會中充滿了各式各樣的公民地理資訊，這些資訊提供了豐富的人與人、人與環境間互動的訊息，有助於理解公民社會的發展與議題走向。同時，透過虛擬世界公共意識的堆棧，受到地理媒體影響的地方形塑力量，也讓虛實之間的空間意涵交互辯證下的公民社會，應該如何創造新的民主秩序，成為重要的探討課題。此外，網際網路媒體環境因加入了空間資訊科技，讓隱私權的暴露、監控力量的介入等因科技而形成的威脅，如何在兼顧公民社會的自由論述與資訊安全的底線下盡可能地消弭，也讓地理媒體的探究充滿各式各樣的挑戰。

第三節、後續章節介紹

本書接下來的五個章節，分別以公民地理資訊五個重要主題進行完整的闡述與討論，每一章的內容均援引大量的實務案例，由淺入深說明公民地理資訊的理論內涵與實踐方式。為了幫助讀者能在後續的閱讀當中，清楚地掌握每個主題的脈絡，這一節將針對後續章節的內容重點，進行歸納整理，建立清晰且完整的閱讀理路。

第二章探討的主題是PPGIS。為了可以完整地說明此主題的核心概念，援引了七個在臺灣執行過的相關案例，其中六個屬於工作坊形式，一個屬於網路形式的PPGIS。工作坊形式PPGIS案例包括：司馬庫斯部落傳統領域的繪製、千里步道的路線討論、美濃黃蝶翠谷的自然資源發展規劃、竹南塭內社區的社區林業與社區發展協作、宜蘭無尾港社區的濕地經營管理策略研擬，以及汐止光明社區的社區發展圖像建立；網路形式PPGIS案例為大台南污染地圖。透過這些案例清楚地勾勒出，PPGIS是以GIS為平台進行公共事務的討論，過程當中須納入與公共事務議題相關的權益關係人，進行集體的協商與共識凝聚，且複雜的公共事務內涵須能以GIS進行資料轉譯，以增加討論的透明度，從而達成促進參與和在地賦權。此外，該章以典型的GIS空間分析程序來說明PPGIS在實務上應如何運作，除了須具備一個有效率的GIS展現平台，以觸發權益關係人的空間記憶與想像，繼而轉換為後續在GIS平台上的討論資料外，多元的資料收集管道，以及將權益關係人的共識結果轉換成後續GIS空間分析的具體參數，均涉及PPGIS運作的有效性。該章最後認為，評估PPGIS的成效應重視過程而非結果，因此包括權益關係人對公共議題的理解與支持、民主程度的提升、信任的建立、討論品質的提升，以及在地意識的建立等，均是不可或缺的評估指標。

第三章探討的主題是對抗性地圖。為了強化對抗性地圖中對抗的思

維，以諧音將對抗性地圖的英文counter mapping翻譯為「坎坷地圖」。並強調之所以用「坎坷」來對譯counter（對抗）的意義，是為了凸顯在集體的對抗製圖中，從無權到賦權、從無聲到發聲、從忽視到看見的過程。該章以新竹市公道三路開發、臺北市三井倉庫古蹟遷移、邵族部落地圖的繪製，以及邵族毛女士的個人傳記地圖為案例，清楚說明對抗性地圖的各種實踐中，均是以地圖繪製為手段由下而上進行理念或實質的對抗，對抗由上而下的制度規範與理念宰制，而對抗主題包括土地的爭取與體制外觀點的表達。最後以拉圖爾（Bruno Latour）以及德勒茲（Gilles Deleuze）的觀點，強調我們從未製圖過的說法，因為從對抗性地圖的精神與理念來思考，地圖繪製不能僅是描圖，不能僅是透過繪圖者的意志線性地將所需要的訊息呈現為「地圖」，而是須超越個體或集體的經驗，進一步構成自然的實在，如此才能詮釋地圖以排除僅僅作為權力使喚的本質，用地圖爭取權益並伸張一個人地相連的本體。

　　第四章探討的主題是VGI。該章以海地大地震的救援為例，說明地震發生後不久，OSM動員全球協作者，在短期內完成太子港的基本圖資，讓救援得以順利進行，凸顯VGI的重要性。並進一步說明VGI得以在當代蓬勃發展，乃是受到Web 2.0發展下的GeoWeb協定，以及帶定位技術的個人智慧型手機等相關科技的發展所致，由此來說明VGI資料的主要特性為個人生產且透過網際網路發送的方式進行。為了能更清楚說明VGI資料所涉及的範圍與主題，該章依照資料是否屬於框架資料或非框架資料，以及其資料生產的主動或被動性，將VGI資料分為四個類型，同時援引許多實際案例來闡述這些資料的特性，其中主動性的非框架資料主要是地理公民科學所討論的範疇，屬於VGI研究領域內的特定主題，本書將以專章進行完整介紹。由於VGI資料的生產方式相當多元，因此該章將取得這些資料的方式，分成建置單位釋出的資料集、利用應用程式介面（application programming interface, API）擷取或利用爬蟲軟體抓取等三種方式，並深

入淺出的介紹這三種方式運作的基本原理。最後用各種案例說明VGI的多元應用及其所引發的隱私權議題，並從資料品質的討論及其在研究上的啟發，論述其與新地理學研究課題的關係。

第五章探討的主題是地理公民科學。由於地理公民科學是公民科學領域當中的新興主題，同時也是VGI研究的次領域，因此該章先介紹公民科學的發展背景，再以VGI的軸線切入，詮釋地理公民科學的概念，提出地理公民科學為一般民眾參與科學家所主導的科學研究議題，利用地理資訊科技及網路眾包技術，收集、分析和傳播空間資訊，科學家進一步透過科學分析過程，檢視資料背後的真實意義，創造新的科學知識。該章也以大量的具體案例說明地理公民科學實際執行過程所包含的七種模式，分別為：被動感測、志願運算、志願思謀、環境與生態觀察、參與式感測、社區／社群科學，及自助科學等七種。並以科學研究的途徑來說明地理資訊科技如何影響公民科學的運作過程，以凸顯地理公民科學的科學研究特性。由於地理公民科學的志工，也就是所謂的公民科學家，為地理公民科學研究中不可或缺的主體，該章也進一步從志工的參與動機，論述這種由下而上的科學研究對當代科學及公民社會的影響。

第六章探討的主題是地理媒體。雖說各種可以傳播地理資訊的載體均屬於地理媒體的範疇，然該章中，將地理媒體的論述聚焦在受到行動設備、網路技術及GIS的影響下，社會大眾透過這些科技所生產具有空間位置訊息的內容，再與社群媒體結合進一步擴散與傳遞，所構成一種新型態媒體環境，且由於公民地理資訊各項主題所生產的資料以及其由下而上的共識觀點，均可透過地理媒體的方式進行資訊傳播，因此地理媒體也可說是公民地理資訊與社會對話的主要管道。為了強化這些論述，該章以GIS技術的網路化發展趨勢，來說明其與地理媒體興起之間的關聯，並從而導致新地理學的發展，且透過地理媒體無所不在的特性，為當代社會虛實整合之間的地方觀點提出有力的觀察與論述。但地理媒體對當代社會

的影響是需要辯證的，因此該章也從監控與隱私權爭議的角度進行完整的剖析。

　　隨著數位原住民人口在 21 世紀的比重越來越高，結合出生在上世紀末但不斷湧入的數位移民，數位世界正以其難以抗拒的吸力持續壯大。加上自由主義思潮的推波助瀾，空間資訊科技的演算法注入民主化的 DNA 後，公民地理資訊的發展及其對當代社會的影響力，將呈現難以阻擋的趨勢。在這種趨勢之下，我們除了必須持續探討此領域的理論與發展軸線之外，更重要的是必須莫忘初衷，當人類因此資訊浪潮的發展而重新取回空間資訊生產的主導權後，必須時刻反省是否會有新的霸權重新收編這種由下而上的空間資訊生產方式，重回分配不正義的路線，將考驗此一領域發展的覺知與智慧。

參考文獻

Arias de Reyna, M., & Simoes, J. (2016). Empowering citizen science through free and open source GIS. *Open Geospatial Data, Software and Standards*, *1*(1), 7. doi:10.1186/s40965-016-0008-x

Aubert, M., Brumm, A., Ramli, M., Sutikna, T., Saptomo, E. W., Hakim, B., ... Dosseto, A. (2014). Pleistocene cave art from Sulawesi, Indonesia. *Nature, 514*(7521), 223-227. doi:10.1038/nature13422

Bourne, E. G. (1892). The history and determination of the Line of Demarcation established by Pope Alexander VI, between the Spanish and Portuguese fields of discovery and colonization. In American Historical Association (Ed.), *Annual report of the American Historical Association for the year 1891* (pp. 101-130). Washington, DC: Government

Printing Office.

Brotton, J. (2013). *A history of the world in 12 maps.* New York, NY: Penguin.

Campaign Zero. (n.d). *Mapping police violence.* Retrieved from https://mappingpoliceviolence.org/

Castells, M. (2011). *The rise of the network society* (Vol. 12). Hoboken, NJ: John Wiley & Sons.

Chambers, R. (1994). The origins and practice of participatory rural appraisal. *World Development, 22*(7), 953-969. doi:10.1016/0305-750X(94)90141-4

Chapin, M., Lamb, Z., & Threlkeld, B. (2005). Mapping indigenous lands. *Annual Review of Anthropology, 34*, 619-638. doi:10.1146/annurev.anthro.34.081804.120429

Dewey, J. (1923). *Democracy and education: An introduction to the philosophy of education.* New York, NY: Macmillan.

Fischer, F. (2012). VGI as big data: A new but delicate geographic data-source. *GEOInformatics, 15*(3), 46-47.

Flavelle, A. (2002). *Mapping our land: A guide to making maps of our own communities and traditional lands.* Edmonton, Canada: Lone Pine Foundation.

Fox, J. (2002). Siam mapped and mapping in Cambodia: Boundaries, sovereignty, and indigenous conceptions of space. *Society & Natural Resources, 15*(1), 65-78. doi:10.1080/089419202317174020

Goodchild, M. F. (2007). Citizens as sensors: The world of volunteered geography. *GeoJournal, 69*(4), 211-221.

Haklay, M. (2013). Citizen science and volunteered geographic information: Overview and typology of participation. In D. Sui, S. Elwood, & M. Goodchild (Eds.), *Crowdsourcing geographic knowledge* (pp. 105-122). Berlin, Germany: Springer.

Harley, J. B. (1989). Deconstructing the map. *Cartographica: The International Journal for Geographic Information and Geovisualization, 26*(2), 1-20. doi:10.3138/E635-7827-1757-9T53

Herlihy, P. H., & Knapp, G. (2003). Maps of, by, and for the peoples of Latin America. *Human Organization, 62*(4), 303-314. doi:10.3138/E635-7827-1757-9T53

Irwin, A. (1995). *Citizen science: A study of people, expertise and sustainable development.* London, UK: Routledge.

Kanefsky, B., Barlow, N. G., & Gulick, V. C. (2001, March). *Can distributed volunteers accomplish massive data analysis tasks.* Poster presented at the 32nd Lunar and Planetary Science Conference, Houston, TX.

Lopo Homem. (n.d.). In *Wikipedia.* Retrieved October 3, 2022, from https://en.wikipedia.org/wiki/Lopo_Homem

McQuire, S. (2016). *Geomedia: Networked cities and the future of public space.* Hoboken, NJ: John Wiley & Sons.

Nabokov, P. N. (Ed.). (1991). *Native American testimony: A chronicle of Indian-White relations from prophecy to the present, 1492–1992.* New York, NY: Penguin.

Obermeyer, N. J. (1998). The evolution of public participation GIS. *Cartography and Geographic Information Systems, 25*(2), 65-66. doi:10.1559/152304098782594599

Peluso, N. L. (1995). Whose woods are these? Counter mapping forest territories in Kalimantan, Indonesia. *Antipode, 27*(4), 383-406. doi:10.1111/j.1467-8330.1995.tb00286.x

Rambaldi, G, & Callosa-Tarr, J. (2002). *Participatory 3-dimensional modelling: Guiding principles and applications.* Los Banos, Philippines: ASEAN Regional Centre for Biodiversity Conservation.

Retro-GPS. (n.d.). *Magellan NAV 1000.* Retrieved from http://retro-gps.info/

Magellan/Magellan-NAV-1000/index.html

Rundstrom, R. A. (1995). GIS, indigenous peoples, and epistemological diversity. *Cartography and Geographic Information Systems, 22*(1), 45-57. doi:10.1559/152304095782540564

Schenk, E., & Guittard, C. (2009, December). *Crowdsourcing: What can be outsourced to the crowd, and why*. Paper presented at the Workshop on open source innovation, Strasbourg, France .

Schroeder, P. (1996, March 7). *Criteria for the design of a GIS/2*. Retrieved from http://www.commoncoordinates.com/ppgis/criteria.html

Sieber, R. (2006). Public participation geographic information systems: A literature review and framework. *Annals of the Association of American Geographers, 96*(3), 491-507. doi:10.1111/j.1467-8306.2006.00702.x

Sui, D. Z., & Goodchild, M. F. (2001). GIS as media? *International Journal of Geographical Information Science, 15*(5), 387-390. doi:10.1080/13658810110038924

Sui, D., & Goodchild, M. (2011). The convergence of GIS and social media: Challenges for GIScience. *International Journal of Geographical Information Science, 25*(11), 1737-1748. doi:10.1080/13658816.2011.604636

Talmage, J., & Maneice, D. (n.d.). *The ture size of countries on the Mercator map projection*. Retrieved from https://www.thetruesize.com/#?borders=1~!MTQ0MDQyNDI.Njg4NDc1NQ*Mjg1ODEwMjU(ODkxMTEwMw~!CONTIGUOUS_US*MTAwMjQwNzU.MjUwMjM1MTc(MTc1)MA~!IN*NTI2NDA1MQ.Nzg2MzQyMQ)MQ~!CN*OTkyMTY5Nw.NzMxNDcwNQ(MjI1)Mg

Thielmann, T. (2010). Locative media and mediated localities. *Aether: The Journal of Media Geography, 5*, 1-17.

Tobias, T. (2000). *Chief Kerry's moose: A guidebook to land use and occupancy mapping, research design and data collection*. Vancouver, Canada: Union of BC Indian Chiefs; Vancouver, Canada: Ecotrust Canada.

Toffler, A. (1980). *The Third Wave*. New York, NY: William Morrow & Company.

Usher, P. J., Tough, F. J., & Galois, R. M. (1992). Reclaiming the land: Aboriginal title, treaty rights and land claims in Canada. *Applied Geography, 12*(2), 109-132. doi:10.1016/0143-6228(92)90002-5

Wikimedia Commons. (2021, November 23). *File:4000BCE map of the world showing Armeny Ashur Bavel Akkad-British Museum-Object Number-92687-PubDomain-details5.svg*. Retrieved from https://commons.wikimedia.org/wiki/File:4000BCE_map_of_the_world_showing_Armeny_Ashur_Bavel_Akkad-British_Museum-Object_Number-92687-PubDomain-details5.svg

Wood, D., & Fels, J. (1992). *The power of maps*. New York, NY: Guilford Press.

內政部營建署城鄉發展分署（無日期）。**國土規劃地理資訊圖台**。資料引自 http://nsp.tcd.gov.tw/ngis/

地理資訊科學專題研究中心（無日期）。**中央研究院臺灣百年歷史地圖 WMTS 服務**。資料引自 https://gis.sinica.edu.tw/tileserver/wmts

Chapter 2
公眾參與地理資訊系統——

第一節、公眾參與地理資訊系統的概念與案例

　　地理資訊系統（geographic information systems, GIS）以數值化的座標系統，建構以點、線、面為基礎的空間資訊框架，並在這個框架上有效的整合複雜且多樣的環境資訊，成為當代環境資源經營管理時的重要輔助工具。然而，GIS的應用需要非常高的知識門檻與軟體成本，讓原本即掌握優勢的社群或組織，能藉由GIS獲得更多的發言權與主導權（Al-Kodmany, 2002; Pickles, 1999），導致GIS被許多研究者批評為一種菁英科技（elitist technology）或專家地理資訊系統（expert GIS）。

　　因此，許多學者開始倡議，不應持續把GIS視作為一種菁英的工具，而是要把GIS的應用普及化，讓草根社區及社會基層能夠藉其發聲，並協助多元權益關係人（stakeholder）交流彼此的觀點與知識。

　　1990年代中期，美國國家地理資訊與分析中心（National Center for Geographic Information and Analysis, NCGIA）啟動了幾次專家會議，開始倡議次世代地理資訊系統（next generation of GIS）需將科技的應用與社會及政治脈絡結合（Sieber, 2006），從而拓展空間資訊科技的創新應用模式及社會影響力，與會學者並提出公眾參與地理資訊系統（public participation GIS, PPGIS）的新興應用取徑；當時的目標是為讓公眾能透過GIS的技術，以增加參與的積極度及影響力，進而讓政府決策的過程更為透明。

　　PPGIS試圖以GIS作為一個資訊整合平台，以納入更多樣性的權益關係人及其所蘊含的在地知識（local knowledge），並以這些珍貴的在地觀

點與內容，豐富公共事務的討論與決策過程，讓過去被忽略的聲音能夠被聽到。同時，也藉由空間資訊工具（geospatial information technologies）轉譯複雜的公共事務內涵，並將其細節以地理視覺化的方式展現，在增加資訊的透明度的同時，也降低參與討論的門檻，減緩權益關係人之間的衝突，從而達成促進參與（encourage participation）及社群賦權（empowerment）的目標。過去20年來，PPGIS被大量應用於農村土地的規劃與利用、自然資源的保育及管理、城市規劃……等領域，甚至在社會和環境運動等議題扮演重要的關鍵角色，證明了PPGIS這種由下而上且跨領域的資訊整合模式，已經被視為一個有效的參與式環境治理取徑。

民主化的發展為臺灣過去這幾年社會結構轉變的特色之一，PPGIS作為公共事務討論平台，不僅應用主題多元，且深入社會的各個角落。本文首先介紹幾個臺灣具有代表性的PPGIS案例，後續也將在這些案例的基礎上，進一步討論PPGIS的效益及影響。

一、司馬庫斯（Smangus）部落傳統領域

2002年行政院原住民族委員會為了落實「新夥伴關係協定」，希望從原住民族自然主權與自治的觀點切入，重新建構國家與部落之間的新權利關係，並嘗試選定示範部落進行傳統領域土地調查，希望以「傳統領域」作為落實「新夥伴關係」的政策工具（官大偉、林益仁，2008）。同年，中華民國地理學會受原住民族委員會的委託，協助發展原住民族傳統領域的調查方法，並選定30個示範部落進行調查實作。此外，為了讓調查方式能夠回應原住民族傳統知識體系的複雜性，而調查成果也能兼具準確性與正當性，所以計畫團隊嘗試引用PPGIS的工作方法，希望以公共參與的取徑邀請部落族人分享自身的歷史故事、生活經驗與生態知識，並利用空間資訊工具作為一種知識記錄與傳播的介面，讓部落能夠以傳統領域調查的成果為基礎，逐漸建構部落自主的發展路線。

同時，中華民國地理學會的團隊也與司馬庫斯部落合作，希望著眼於原住民族文化與環境的緊密性，結合部落自治團體進行傳統領域調查，讓在地社群能參與環境資源的經營管理。該合作計畫在司馬庫斯部落的傳統領域PPGIS中，總共蒐集到212個傳統地名，這些地名反映了部落的：河溝、工寮、遷徙地點等重要地標[1]，同時也包括61個次領域。同時，計畫團隊也將耆老所吟唱的遷徙古謠中的地名與地理空間結合，重新還原了部落先民自大壩尖山腳下的Papak-waqa，一路遷徙至Klasan、Playan舊部落，最後定居現今Smangus之歷程。

　　整體而言，司馬庫斯61個次領域範圍的總和，則可清楚表達現今司馬庫斯部落傳統領域之輪廓（圖2-1）；該領域以塔克金溪為東側為主，且部落族人將溪流分為13個河段，並搭配周邊的山凹以建立一個空間參照系統，使族人可以清楚地判斷次領域的範疇，甚至在山野中「導航」。此外，司馬庫斯部落也以此份調查成果為基礎，研擬了「司馬庫斯傳統領域生態保育計畫 —— 森林守護者」，希望結合傳統領域及生態保育，藉由部落自主的禁獵及巡護，逐步保育部落周邊的生態資源，並建立部落與自然生態間的夥伴關係。

二、千里步道 —— 糖業鐵路調查

　　臺灣的千里步道運動運動始於2006年，由徐仁修、小野、黃武雄等社會賢達聯名發起，希望邀請各地的公民團體找出生活周遭的美麗小徑，藉以串聯出一條有故事的環島步道（台灣千里步道協會，無日期）。為了能有效彙整來自全臺調查志工的資料，千里步道也與臺灣大學地理環境資源學系以及中央研究院地理資訊專題研究中心合作（以下簡稱中研院GIS

---

[1] 其中遷徙地點與其他一共有8個；河溝類共107個；工寮有36個；次領域有61個。

圖 2-1

司馬庫斯部落的次領域分區

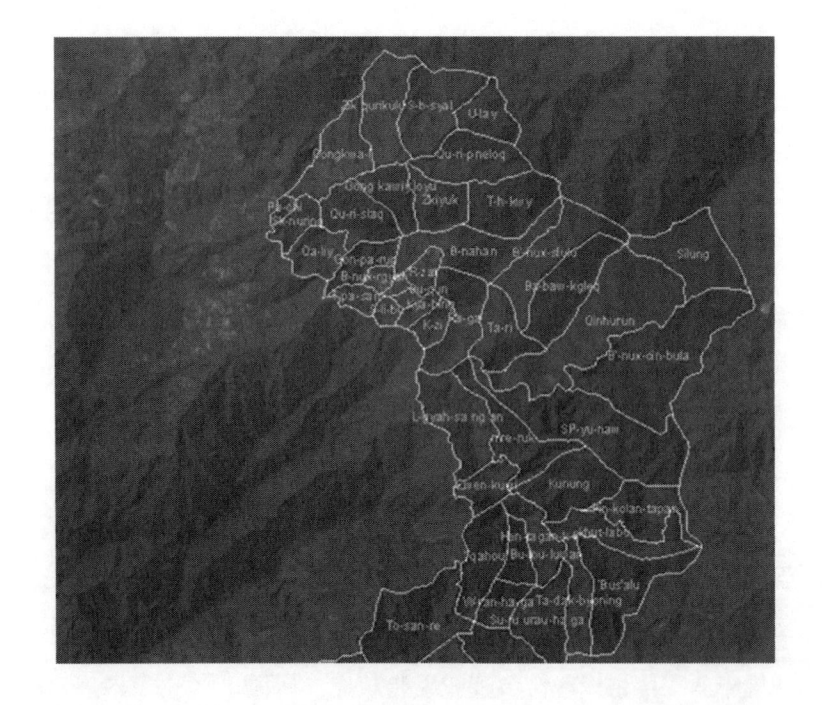

中心），培訓志工使用全球定位系統（Global Positioning System, GPS）等工具，以進行全臺步道路線的探勘與繪製。

2008年，千里步道進一步引介PPGIS參與式的概念，舉辦苗中彰步道串聯PPGIS培力工作坊，訓練各地志工參與步道調查。同時，千里步道也與雲嘉南地區的文史社團合作，發展「兩鐵並行，古蹟活化」的路線規劃，結合步道運動以及糖業鐵道的舊路線，清查現有路線與設施的保存狀況，希望建立以糖業鐵路為基礎的步道路網。雖然，臺灣自1980年代糖業鐵道逐漸停駛後，鐵道設施多因都市化過程而拆遷，而原有負責部門已經裁撤，提高掌握鐵道路線與沿線土地的難度，所幸仍有許多民間鐵道迷及地方文史人士秉著對鐵道探查的熱情，持續自主進行鐵道文史調查。

長期針對臺灣歷史地圖進行保存與數值化（digitize）的中研院GIS中心，在瞭解志工的需求之後，亦協助將1920年代歷史地圖上的糖鐵路線轉換成KML檔案，讓志工可以在Google Earth上套疊「過去的」糖鐵路

線與「現今的」高解析度衛星影像，從而規劃後續的調查路線。中研院 GIS 中心也出借手持式 GPS、數位相機等工具，協助志工在鐵道沿線進行資源調查，並將拍攝的照片進行座標定位，以地圖結合影像的方式描述現場狀況，也套疊古地圖進行口述歷史調查。文史志工與鐵道迷們，以糖業鐵路路線及周邊的文史資源為基礎，提出在地化的路網架構，並將成果彙整進入千里步道之全國路網資料庫（https://www.tmitrail.org.tw/roadmap/1477），進一步發展後續一連串的文化資產調查與方案討論，希望藉「由下而上」的方式，建立出文化景觀指定保存資料庫。後續行動中，在地志工更公開發表調查蒐集到超過 200 幅以上之糖鐵老照片／舊地圖，希望能吸引更多有志者投入調查，促進更多糖鐵資產保護行動（圖 2-2）。

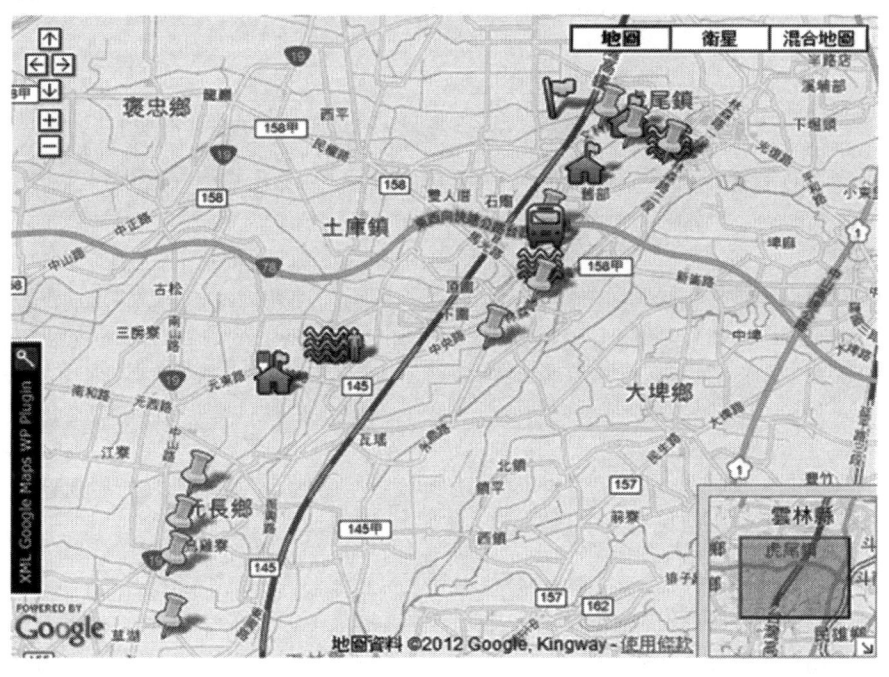

圖 2-2

雲林地區的糖業鐵路調查成果

資料來源：https://www.tmitrail.org.tw/roadmap/1820（擷取日期：2010 年 12 月）。

三、美濃黃蝶翠谷

1990年代初期，政府計畫於黃蝶翠谷興建美濃水庫，引起美濃地區「反水庫」的社區自主運動，透過社區營造的手段與方法，地方組織與居民逐步形成一股關心社區的力量，以保存在地文化、保育在地生態為主軸以替代對環境不友善的水庫工程。

2000年政府宣布暫緩美濃水庫的興建，面對谷內土地與資源管理權責多元紛雜，以美濃愛鄉協進會為首的地方保育組織，開始參與林務局[2]的「社區林業」[3]計畫，希望與林務單位合作發展黃蝶翠谷的保育願景。但在地居民、保育組織與行政部門三方對黃蝶翠谷發展願景，仍是存有落差，以致許多谷內發展的共識與方向，遲遲未能建立。2007年，黃蝶翠谷口熱帶樹木園的木棧道事件[4]後，林務局邀請臺大地理系與森林系的跨領域團隊前來到美濃，希望藉PPGIS協助各方凝聚黃蝶翠谷的發展願景。

研究團隊首先以Google Earth[5]為基礎，整合相關圖資，建立黃蝶翠谷的PPGIS平台，邀集各權益關係人（地方保育組織、居民、林務單位、縣政府與美濃鎮公所等）進行PPGIS工作坊（圖2-3）。工作坊首先分群讓不同屬

---

[2] 現更名為林業及自然保育署。

[3] 林務局於2002年開始推動社區林業（community forestry）政策，以「林業走出去，民眾走進來」的理念，建構政府與社區的伙伴關係，透過「理念宣導及人才培育計畫」、「林業示範社區營造計畫」及「森林協同管理計畫」，達到保育與經濟雙贏的具體目標（行政院農業委員會林務局，2008）。

[4] 雙溪樹木園是日治時期殖民政府所建立的植物實驗林，種植許多熱帶林木，極具保存價值，美濃人俗稱「母樹林」。2007年，屏東林管處計畫在林間修築木棧道以供民眾活動使用。不料林管處未事先充分告知在地社團與居民，大家又認為工程有危害林木的疑慮，而在一場說明會中群起強烈要求停工，林管處於是停工並取消經費。

[5] Google Earth是美國Google Inc.所提供的一套網際網路虛擬地球免費軟體，透過圖形瀏覽功能及遙測影像與地形高度資料的搭配，使用者可以在此虛擬空間探索地表的狀況。

圖 2-3

黃蝶翠谷 PPGIS 工作坊的過程

性的權益關係人進行討論與協商,最後再進行整體權益關係人的共識凝聚。過程中,在地居民利用PPGIS的空間資訊平台上對谷地內的資源進行指認與標記,讓其在地知識能夠匯入PPGIS的空間資料庫中。同時,地方保育組織也自主進行多次踏查,以GPS記錄古道與資源點,並將調查成果匯入PPGIS平台。而後續的視覺化(visualization)資訊交流,將在地居民的知識展現於空間位置上,補充原有規劃資訊中所缺乏的資源點位與內涵,促進了權益關係人對於谷內環境與資源的瞭解。最後,權益關係人凝聚出黃蝶翠谷的五大發展分區(圖2-4):(一)自然教育園、(二)生態遊憩發展區、(三)景觀與資源保育區、(四)景觀遊憩發展區、(五)一般遊憩發展區。

　　PPGIS的工作模式,讓權益關係人的意見能夠具體收斂,且每次會議的成果都會記錄成地圖,並透過美濃地區的社區報以擴大傳播,讓關心此議題的權益關係人能掌握其進展與內容。所以,在後續跨區域的集體PPGIS工作坊討論時,基於對資源的充分掌握與對議題的瞭解,不同的權

圖 2-4

美濃黃蝶翠谷的 PPGIS 成果

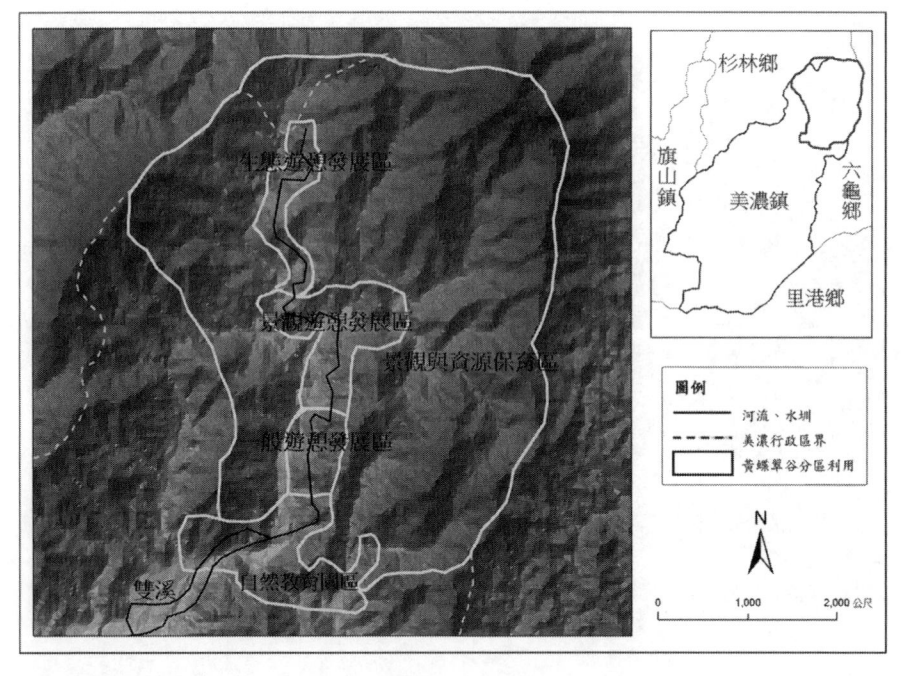

資料來源：鍾明光、蔡博文與盧道杰（2012）。

益關係人更能妥協彼此的意見，最終合作產出由下而上的規劃成果，奠定了規劃結果的正當性。

四、塭內社區：社區林業與社區發展

塭內社區位於苗栗縣竹南鎮南端的中港溪出海口附近，社區周邊有海岸防風林、紅樹林保護區、鳥類棲息觀賞區、招潮蟹棲息地等豐富自然生態，是苗栗縣重要的環境教育場所。近年來，塭內社區積極投入社區營造工作，並於 2007 年起參與林務局的「社區林業計畫」與水土保持局[6]（以下簡稱水保局）的「農村再生計畫」，逐漸由被動式的教育訓練，轉為「主

---

[6] 現更名為農村發展及水土保持署。

動的」社區願景規劃，除了進行海岸防風林的生態物種監測，並希望透過社區權益關係人的持續培力與溝通，凝聚社區發展願景的共識。

後續，塭內社區的權益關係人也在新竹教育大學環境與文化資源學系以及臺灣大學地理系等學研團隊的協助下，建構PPGIS平台以協助社區公共議題的討論，希望整合社區的環境與觀光資源，以塭內周邊的海岸防風林為基礎，發展海岸林生態旅遊（圖2-5），從而達成社區與生態共存的永續發展目標；研究團隊利用Google Earth為資訊平台，並彙整社區的導覽地圖、自行車地圖以及1920年代、1950年代的老地圖，希望以此建立一個兼具時間與空間的討論平台。在這個平台上，社區權益關係人們（社區發展協會、居民、導覽志工及學者）能夠在地圖上評估各項社區計畫的範圍與內容。透過PPGIS的協助，社區居民盤點了社區林業的平地造林計畫、海岸林調查（圖2-6）、多元就業、解說導覽培訓及環境教育場域課程方案等社區計畫的內容與範疇。

圖 2-5

塭內社區的 PPGIS 成果──社區景點盤點

資料來源：丁志堅提供。

圖 2-6

海岸林調查與更新樣區規劃

資料來源：丁志堅提供。

堰內社區嘗試在各項計畫執行的過程中，導入PPGIS以促進民眾參與，除了讓各項社區計畫能夠融入在地特色與地方知識，並讓社區居民能夠全面且即時地整合對社區發展願景與想像。同時，在PPGIS上所凝聚出來的社區方案與共識，也讓林務局、水保局等公務機關更能信任社區所提出的願景，並逐步與社區形成夥伴關係，共同推動生態多樣性保育、永續森林生態旅遊，以改善社區整體環境，讓林業經營與社區發展共生共榮。

五、無尾港社區

無尾港野生動物保護區位於臺灣東北部，為面積約103.35公頃的半封閉溼地，是重要候鳥過境路徑與棲地。2003年，宜蘭縣政府在此地成立無尾港水鳥保護區，是臺灣第一個以保護候鳥棲息環境為目標的保護區（盧道杰等，2013）。2009年，無尾港野生動物保護區被列入臺灣國家重要濕地保育計畫。2013年時，隨著《濕地保育法》公布施行，無尾港正式公告為國家重要濕地；除與原無尾港野生動物保護區重疊外，並往北延伸涵蓋新城溪口以北的海岸濕地，共占地642公頃（內政部，2018）。

自2007年起，與保護區相關的權益關係人，開始定期舉辦年度經營管理工作坊，並利用PPGIS呈現相關的經營管理資訊，持續進行對話與討論，讓權益關係人可以常態化地參與經營管理的協商機制。保護區周邊的社區發展協會、里長、無尾港文教促進會（以下簡稱促進會）以及在地居民，與政府部門、學研單位，共同參與工作坊，建構分工機制，維繫保護區的營運與管理。

另外，保護區成立之初，由在地社區居民所組成的促進會，也在保護區營運上扮演要角。2009年，新城溪出口河床淤積導致當地時有水患，在公部門無法有效解決問題，而在地權益關係人無法在經營管理工作坊提出數據支持提案的窘境下，促進會在平台會議中提議推動社區監測的行動，以掌握濕地水底高程與淤泥的變化，作為後續經營管理的依據。此提議獲得了羅東林管處與宜蘭縣政府等保育主管機關的支持，並由臺灣大學地理系與森林系的學研團隊，協助規劃高程調查的方法。

2009年8月，社區居民與學研團隊利用PPGIS共同規劃水底高程的調查範圍及方法，以社區的人力資源特性為基礎，建構一個年度性的調查模式，以掌握歷年的高程變遷趨勢（圖2-7）。社區居民以在地知識，避開滿潮水位的日期，選定適當的地點建置測量輔助設施，也協助簡化調查流程，讓更多非專業的社區志工能參與施作。最後，促進會與研究團隊在2010年10月執行了首次監測行動的社區實作，並建立了標準作業程序，讓志工在後續實作中有所依循。

工作坊的穩定運作，以及促進會持續以PPGIS規劃生態調查與監測，讓保護區在地社群能夠掌握PPGIS相關的知識與軟體，應用在相關治理議題的決策場合，進而促使無尾港野鳥保護區成為臺灣少數社區參與保護區經營管理的重要代表案例（圖2-8）（宜蘭縣政府，2015）。

圖 2-7

無尾港的濕
地高程調查

(A)

(B)

(A) 高程調查執行過程；(B) 高程調查之成果。

圖 2-8

無尾港保護區經營管理會議中的 PPGIS

六、光明社區

　　光明社區位於新北市汐止區，因為1950年代初期的鹿窟事件[7]，及1969年艾爾西風災造成的大規模山崩，造成嚴重人口外移，社區發展逐漸停滯。2016年初，研究團隊應當地關心社區發展人士之邀，以PPGIS的方式，協助光明社區進行文史及環境資源調查：先以Google Earth為基礎建立PPGIS的對話平台，整合地形、航照、道路及家戶位置等社區相關基礎圖資，並邀集社區居民參與PPGIS工作坊，共同指認社區資源。

　　在PPGIS工作坊進行的過程中，研究團隊扮演促進者（facilitator）與技術操作者（chauffeur）的角色，先將空間資訊投影於大型螢幕上，再引

---

[7] 1952年12月底，當時國民政府認為臺北縣石碇鄉一帶存有共產黨武裝基地受訓，於是集結部隊前往當地搜捕共產黨地下工作人員。該事件造成石碇鄉、瑞芳鎮、汐止市等地，約有四百名農民與礦工被捕，其中有35人死刑槍決，自首無罪與不起訴者12人，98人有期徒刑，另19名感訓，其餘則皆未移送，但山地村受此打擊，短期間少了百餘人，後續更造成居民大量外移，該事件也是臺灣在1950年代規模最大、株連人數最多的政治事件，導致當年臺北縣石碇鄉的玉桂村完全清鄉滅村，從此從地圖上消失，史稱鹿窟事件。

導參與的社區居民據以討論與對話,同時研究團隊即時記錄參與者的意見與相對應的空間位置,整合再現於螢幕上,讓其他與會的居民可以同時確認範圍、位置與紀錄內容。最後,完成確認後的資料會正式登錄於PPGIS的平台上,成為後續社區發展討論的基礎。

在2016年1月至2018年6月間的12場PPGIS工作坊中,社區居民指認超過100筆社區資源點的位置(圖2-9),包含煤礦文化、產業及生活文化、宗教信仰、歷史地點或古蹟、特殊地名、生態亮點、在地好食等。PPGIS工作坊運作,也啟發社區居民將視野延伸至聚落內年久失修的保甲路,以GPS等工具協助記錄詳細路徑資料,完成前後共七次的保甲路探勘以及三次的保甲路修復活動。2017年,石碇區公所也開始與社區洽談,希望將社區PPGIS之成果,申請文化部村落發展計畫,以計畫的方式進行社區營造及培力。

藉由PPGIS的過程,光明社區的居民逐步凝聚共識,以保甲路為中心,建構了一個社區發展的圖像,並以「健康永續的生活形態」為社區發展目標,希望能保留社區豐富的文化記憶,保育多樣的生態景觀,進行後續的社區規劃並重塑居民間的社區感。此外,PPGIS工作坊結束後,為擴

圖 2-9

由居民所提供在地知識所繪製的社區資源分布圖

大社區發展議題的參與度，社區居民更自主利用Line[8]成立手機網路對話群組，讓居民與研究團隊間可以擴大PPGIS的實踐場域，持續針對社區議題進行交流與對話。

七、大台南污染地圖

以由下而上的方式蒐集在地環境訊息，是PPGIS最常被應用的重點之一。這些由在地權益關係人所貢獻的環境資料，可能是為了回應某個問題意識，且也更能驅動後續的環境治理行動。

過去，臺南地區的河川排放欠缺有效的管制與監督，長期排放的工農業與家庭廢水，使二仁溪、鹽水溪、將軍溪等一直在臺灣的主要受污染河川中名列前茅。此外，臺南市郊屢見不肖廠商違法傾倒工業污染物、暗夜排放廢水等事件，除了直接造成環境的破壞，更對民眾的健康產生許多潛在威脅。

2007年，為解決臺南地區二仁溪及鹽水溪等河川的污染問題，以及臺南市郊時有的廢水、工業污染物非法傾倒，台南社區大學與臺南地方法院檢察署、臺南縣市環保局合作，成立了臺灣第一個結合司法單位、行政單位與民間團體的「環保聯盟」，並提出「大台南污染地圖」的PPGIS平台（圖2-10），讓民眾可以主動提供／登錄環境污染資訊。

本計畫以社區大學志工為基礎建立民間巡守隊，學習使用GPS及網路地圖等地理空間資訊工具，除了將觀測到的污染事件進行坐標定位，並將成果登錄在大台南污染地圖。此外，民間巡守隊的成員將污染資訊套疊至其他底圖，以規劃後續巡邏、監督的路線。大台南污染地圖提供了民間自主監督／提報環境問題的界面，並即時回報詳細污染資訊的平台，讓協作

---

[8] 本軟體是由LINE Corporation所研發之即時通訊工具，使用者可透過安裝簡單的行動應用程式（mobile application, App）即可建立通訊群組（至多200人），群組內的成員可以透過簡訊、照片及影片分享彼此的訊息。

圖 2-10

大台南污染地圖的網頁

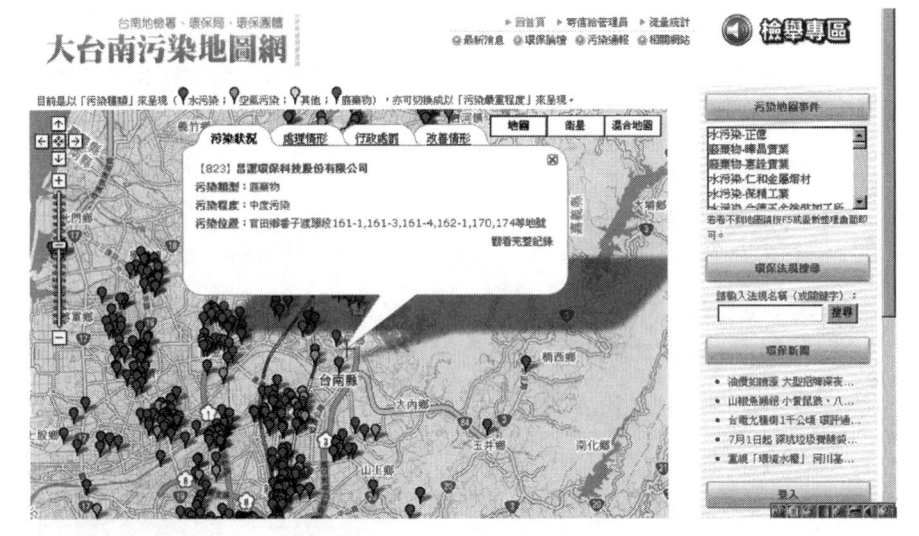

資料來源：http://lifeup.org.tw/modules/pollution/（擷取日期：2010 年 12 月）。
註：彩圖請見附錄彩頁，頁 191。

的環保局稽查員以及環保團體的巡守員，都可以利用地理資訊工具，掌握污染發生的時間、地點，也將後續監測所得資料回傳至平台，而涉及地檢署的刑案調查也可採用公眾收集的資訊進行偵查。

整體而言，大台南污染地圖的 PPGIS，整合了行政、司法與民間社群，三方權益關係人也透過網路地圖平台，確立通報、監控及偵查環境污染的協作分工，而開放公眾參與的地圖建置，更擴大了民眾協力遏止非法污染的能動性，造就公私協力且透明的環境治理機制，協助行政、執法單位更迅速控制並遏止環境污染造成的損害。

第二節、PPGIS 的運作程序與工具

PPGIS 將權益關係人間的討論協商，轉化成一個集體的空間決策過程；它將各個權益關係人的知識及意見，透過點、線、面等空間詞彙，結合空間分析的概念，創發新的資訊與觀點，並藉由不斷地對話，在空間

上找尋可彼此調節之處；而這個調節的過程同時也讓參與者有學習、討論、溝通與整合的機會，除了逐步增加對於議題的共識與認同，也希望在滿足不同權益關係的前提下，推導並協商出一個彼此都能接受的解決方案。

若將PPGIS形容為一個空間分析或空間解題的程序，其最主要的特色，就是讓權益關係人自主地輸入其所需的空間資訊，並以協商的方式設定各項分析的參數。在傳統的GIS分析中，空間分析的資訊輸入與參數設定，多為專家所主導，所以專家對於計算成果的詮釋，具有完全的主導權。然而，在訴求公眾參與的PPGIS中，民眾可以跨越空間資訊科技的使用門檻，以協力的方式共同進行空間分析，藉以產生空間資訊與共識。這個集體的空間分析，除了指涉實質的空間資訊外，也包括了空間所隱含的權力、文化、歷史與知識等隱性內容，這些超越空間卻又與空間緊密鑲嵌的「作用力」，在PPGIS的過程中由權益人所拼貼及重組，擴充了空間資訊的多元性與包容度，也從而使PPGIS所達成的空間決策更具有合理性及正當性。

PPGIS的運作程序與工具主要由三個部分所組成，分別為：一、即時互動的GIS平台；二、多元的資料蒐集模式；三、集體參與的空間分析與協商，以下分別就這三個主要部分進行深入的討論。

一、即時互動的GIS平台

近年來隨著空間資訊科技的日漸普遍，類似Google Earth的GIS工具開始普及，使用者可以在簡易的軟體平台中，檢視3D地形並套疊道路、興趣點以及高解析度影像，而其擬真且具像的資訊呈現方式，能協助使用者更精準地指認及記錄空間位置，以此為PPGIS的討論平台，能方便且有效地讓民眾的意見、觀點及在地知識，轉譯成為「可被其他權益關係人檢視及比對」的空間資訊。同時，這些GIS工具也可以混搭（meshup）公部門的空間資料與網路地圖服務，並將其與民眾產製的資訊相互套疊比對，讓不同的意見與方案能在同一個平台上併陳。

以光明社區的PPGIS經驗為例，中研院及臺灣大學研究團隊曾以Google Earth為基礎，架構了一個討論平台，讓新北市石碇區光明社區的參與居民，可以在3D的仿真地景，探勘被隱沒在林間的保甲路。研究團隊利用Google Earth搭配數值高程模型（digital elevation model, DEM）以及高解析度的衛星影像，融合成為一個仿真地景，重現社區周邊的山林地形起伏、河流的走向以及眾多小山坳。居民透過這些地形的參照以及彼此的分享，逐步在仿真地景上還原各條保甲路的路徑與生活經歷。後續，學術研究團隊也攜帶高精度GPS以及地籍資料，與居民共同前往踏勘保甲路，結果發現居民在仿真地景所指認的路線與現地測量的成果，幾無差異。

透過Google Earth平台的協助，居民除了指認保甲路的路線之外，也在地圖上指認了許多社區故事發生的位置（例如：過去防治土匪侵擾的望高寮）、荒廢的坡地水田與耕作場景，甚至包含有許多不為外人所知的生物多樣性資料（例如：穿山甲的窩、藍鵲常出沒的位置），這些資訊具有高度的時空特徵與在地內涵，且都是傳統學術調查較難以蒐集到的資訊。這些在地空間資訊透過Google Earth再現於擬真地景中，佐證了社區在這些環境場域的生活歷史與價值，也從而讓社區在與區公所討論保甲路的地景保育時，能夠具體地描述訴求與依據，也從而提高了社區發言的正當性與影響力。

一般而言，GIS都是以2D或是3D的方式進行空間資訊的記錄及展現，但是這樣的方式往往會受限於資料的解析度，無法具體描述某些微尺度的環境狀況。所以PPGIS的運作過程，除了在GIS平台上數位化資料外，也需前往現地踏查並進行測量，以獲得更細緻的空間資訊。近年來，隨著街景影像（street-view）記錄與空間資訊工具的結合，PPGIS的參與者也可以直接在街景資料上，產製許多微尺度的空間資訊，例如：容易被棄置垃圾的髒亂點、蚊蟲叢聚的草叢、甚至某個常被張貼廣告的電線桿……等。街景協助我們克服傳統地圖的限制，以更細緻的空間尺度去描述社區的問

題、登載居民的看法，而其成果也可與其他圖資套疊及分析，豐富PPGIS的討論內涵。

此外，PPGIS以數位地圖平台為主的資料產製方式，也可以轉化成為網路地圖平台，讓更多的權益關係人得以參與空間資料的產製與判讀。以「大台南污染地圖」為例，該平台係由臺南地檢署、臺南市環保局與台南社區大學所共同合作，建置一個以Google Maps為基礎的地理資訊平台，讓志工可以在平台上登錄其所觀察到的污染類別與行為，並完成舉報之工作，後續則由環保局進行污染採樣，而相關的污染罰則亦會登錄在該網路地圖平台；該平台結合了眾多權益關係人的力量，並以網路地圖作為參與平台，從而促成了一系列城市污染治理的具體行動。

整體而言，空間資訊工具的介入讓權益關係人能夠觸發空間的記憶及想像，繼而能在GIS平台上指認與記錄許多的重要資訊；這種由下而上的空間資訊產製方式，不只協助有效地將民眾的生活經驗轉化為空間資訊，也為複雜的公共議題提供豐富的背景資訊，讓後續的公共討論能夠建立在一個具像化的資訊基礎上。

二、多元的資料蒐集模式

PPGIS也協助我們去記錄並分享那些存在於記憶中的時空關係。在許多PPGIS的工作坊案例中，我們看到原住民老獵人在GIS平台上分享家族獵場的範圍，以及包含在其中的獵徑、適合設置陷阱的位置、豐富的植被、曾經捕獲的獵物，甚至包含在其中的部落神話與神聖空間。儘管老獵人們的身體條件已經無法再次馳騁在山林之中，但是透過空間資訊科技的協助，他們可以將過往在山林中的記憶，轉化成為3D地形上的點、線、面，甚至將傳統歌謠、歷史故事以及陷阱製作的訣竅……等具有文化意涵的內容，以多媒體的方式鑲嵌在空間資訊。同時，緣於PPGIS的開放及共享特性，在老獵人將這些豐富的知識內容轉為空間資訊時，也讓共同參與的

部落成員得到觀察學習（observational learning）的機會；參與PPGIS的部落耆老，可以在老獵人的口述以及空間再現的基礎上，回到那個記憶的時空，並補充相關的內容，藉以擴充並檢核空間資訊的內容。而參與PPGIS的部落青年，則可以在耆老們所建構的記憶時空地圖中，獲得觀察學習的機會，甚至也會組織部落尋根的活動，藉由老獵人提供的線索以及現地探勘紀錄，進一步完整空間資訊的內容，甚至以此為基礎去建構部落的文史資料庫，並從而觸發更多的部落文化保存行動。

PPGIS也可協助多來源資料的比對與整合。在千里步道的糖鐵案例中，在地居民嘗試將過往五分車鐵道的軌跡從歷史地圖中，謄錄到手持式的GPS上，並透過居民的分工協助，按圖索驥踏找糖鐵的軌跡與故事。而這些現地蒐集的資訊，最後則回到PPGIS的平台進行討論與彙整，「化零為整」地整合彼此的調查成果，從而還原整體糖鐵網絡的分布與現況。社區居民的參與及分工，有效地拓展了糖鐵調查的量能，甚至共同檢核資料的誤差之處，以提升整體資料的品質。同時，PPGIS彙整資料的過程，也讓居民獲得觀察學習的機會，得以聆聽不同社區與糖鐵互動的故事，從而拓展自身對於糖鐵歷史的認識。

PPGIS除了實體的空間資料整合，也可發揮「地理經驗的時空整合」效益。在宜蘭無尾港社區的海岸變遷PPGIS中，社區居民共同回憶過去牽罟的過程，包括下網的地點、分配魚獲的原則，以及相關牽罟設備如何儲存在沙丘上的臨時工寮。同時，居民利用歷史地圖與衛星影像的結合，檢視河口變遷與沙丘退縮的狀況；社區居民首先在多年期的衛星影像上，注意到新城溪口的沙丘常會因為東北季風的吹拂，而在河口形成不同型態的淤積，甚至在短短數月之內便會出現不同位置的「甩尾」狀況。所以，在前述的資料鋪陳下，社區居民進一步透過不同時期的歷史地圖去還原新城溪口位置的變遷，並以其為基礎討論新城溪的舊河道如何淤積成為水鳥保護區，甚至檢視河口的淤積及改向，從而診斷社區水患的遠因與近果。

很多時候，在地知識都會具有「非結構、非客觀」的特徵，這些「內

隱，且只能意會不能言傳」的知識，多具有特殊的地域性與脈絡性，甚至無法透過書面紀錄或是利用語言清晰傳遞；有人將在地知識形容為一種「行動中的知識」（knowledge in action），它可能是來自個人生活經驗的累積，也有可能是一種集體的情感，甚或是來自隱含在神話故事中的規訓或信仰；它可能展現在傳統工法或習俗中、也能轉化成為一種約定俗成的制度與責任。然而，這些富含個人經驗、集體情懷、情境脈絡、文化背景的在地知識，卻往往是貫串整個社區的重要核心精神，甚至在環境資源經營上比現代科學知識更具有永續性。所以，如何利用GIS這種外顯（explicit）的工具去記錄內隱（implicit）的知識，成為PPGIS應用時的技術挑戰。

所以，為了能讓GIS的資料格式能對應非結構的傳統知識，有時候也可利用超連結的方式，在點、線、面等空間圖徵上補充影像或音樂等多媒體，儘量還原在地知識的內容。在司馬庫斯的傳統領域調查中，耆老吟唱了一首關於部落遷徙歷史的古歌謠，同時也將解釋歌詞的內容以及其中提到的舊部落名稱。所以，部落參與者在PPGIS的過程中以傳統歌謠的內容為基礎，篩選（select by attribute）部落的傳統地名資料，從而還原部落的遷徙路線以及相關的舊部落位置。此外，為了進一步展示遷徙的過程，研究團隊將歌謠的錄音結合仿真地景、遷移路線與舊部落位置製作成為動畫，除了動態展示遷徙的歷程，同時也在每處舊部落位置處添加耆老訴說的故事語音，希望能夠細緻化遷徙的動態過程，並儘量還原族人在舊部落內的生活足跡。

此外，部分與在地知識相關的文化地景，也需要以特定的視角檢視，才能領略其與在地知識的對應關係，例如：在《北門鎖鑰》一書中，長期研究淡水文史的作者便建議可以從紅毛城的角度瞭望新北市八里區的觀音山系（原名八里岔山），便可以看到「觀音半身朝天、雙手合十的地景」，甚至從不同的角度去檢視同一個山系時，也會出現不一樣的輪廓（圖2-11）。所以，在部分PPGIS的應用過程中，我們除了需要記錄特別的地

名資訊外，甚至需要以軟體去記錄其觀看角度與比例（圖2-12），才能對應地景所代表的意涵。

因為空間資訊工具的協助，PPGIS的過程可以依照特定區域，將大範圍資料修整（clip）成小範圍的內容，讓議題與資料間更能聚焦。在南投縣望鄉社區的水源地保育PPGIS過程中，社區擔心上游集水區的濫墾，可能會造成供水安全的威脅，希望組織巡守隊以固定排班的方式巡護該區域。研究團隊在此需求下，協助從大範圍的河川網絡、地形及土地權屬資料中，以小集水區的範圍修整出水源地周邊的背景資料，並以此為基礎進行資源盤點與巡守路線規劃的討論。

圖 2-11

日常生活中常見的地景故事

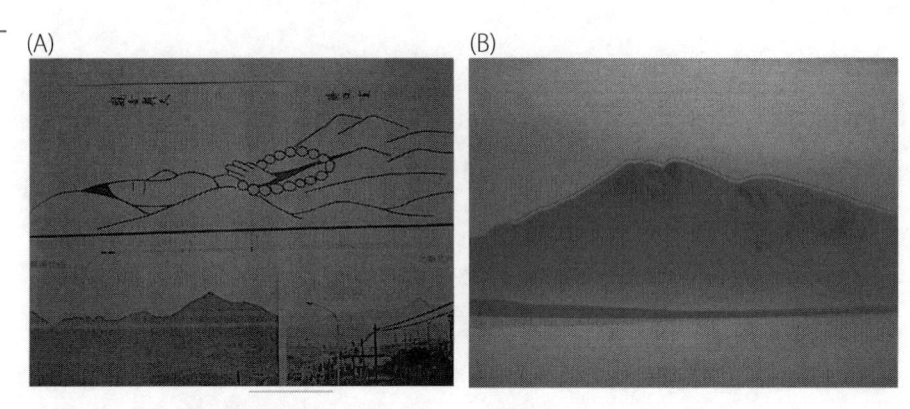

(A) (B)

資料來源：(A) 吳勝雄（1978）；(B) duofu（無日期）。
註：(A)《北門鎖鑰》所記錄的觀音山視角；(B) 淡水紅毛城解說牌所展示的視角。

圖 2-12

用 Google Earth 所記錄的瞭望位置與角度參數

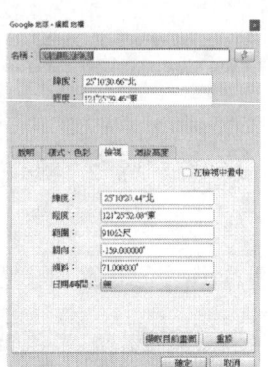

資料來源：Google (n.d.)。

整體而言，Google Earth/Maps等空間資訊平台的發展，大幅降低了權益關係人產製空間資訊的門檻，而PPGIS特有的公眾參與機制，也讓參與者可以協助空間資訊的檢核與補充，並藉以提升資料的精準度與豐富度，甚至可以剔除一些來自權力關係所造成的扭曲、來自記憶的偏誤，或是與自身權益相關時的刻意失真。PPGIS利用由下而上的公眾參與程序，翻轉了空間資訊的產製過程，而參與者所共同產製的空間資訊除了符合地理製圖所講究之準確度要求，並具有豐富的在地內涵，參與者可以在空間資訊中補充生活經驗、背景脈絡、在地知識等多樣性且非空間的內容，從而擴大了資訊本身的「豐富性」與「正當性」；這些外顯的空間資訊除了反映不同參與者的知識與觀點，同時也能與官方的空間資料在同一個平台上進行比對，從而擴大了不同權益關係人的對話基礎。

三、集體參與的空間分析與協商

　　在傳統的公眾參與場域中，語言或文字是最常被使用的溝通工具，但是往往不精準的用詞、或是無法用文字具體描述的概念（規模大小、空間位置……等），卻也可能造成資訊交流時的落差，並成為公眾參與的阻礙。PPGIS訴求以空間資訊補充語言或文字溝通的不足，希望讓民眾能透過自主的空間資訊產製及共享，更細緻地瞭解議題的內涵，甚至以空間資訊表達自身的訴求，從而能與不同的權益關係人進行對話，並在空間上尋求共識的解方。

　　為了能達成這個目的，首先PPGIS所應用的GIS平台應能即時記錄、檢核、展現由參與者所提供的資訊內容，同時也提高資訊傳播的效率，並能即時回饋，以提升公眾參與討論的意願。在許多公眾參與的案例中，老人及兒童常常是最少發言的群體，因為他們的語言表達能力往往不足以應付公開的討論，但是老人與小孩的生活形態與限制，往往都會帶給他們許多不同於成年人的感受。在南投縣神木村的PPGIS案例中，社區中的老農民能夠在擬真地景上，清楚地指認1940年代的土地利用狀況，並說明當

時的移民聚落以及學校的位置,這些資訊後來都透過歷史航照結合數位地形的歷史擬真地景上得到證實。同時,當這些與居民生活息息相關的歷史資訊,在數位地圖上即時記錄與展示,也促成其他耆老的熱烈反應,除了協助檢核及確認幾個不明確的老地名位置外,也補充了不同家族的開墾歷史,甚至過去從陳有蘭溪連結阿里山林場的路徑。因為神木村的土地利用與發展,會因為不同的聚落(以鄰為單位)而有差異,所以研究團隊也在不同的聚落中分享其他社區的PPGIS成果,除了確認這些土地利用與地名資料的正確性外,也據此為基礎邀請耆老進行補充該聚落的發展脈絡與歷史地名,進一步拓展空間資訊的完整度。此外,相關的PPGIS成果也因為具體地展示在歷史擬真地景上,各種過去的土地利用與設施皆可在歷史航照上看到,也讓在地的年輕人可以更具體地理解耆老所說的故事內容,甚至以其為基礎思考社區未來的發展方向。

　　因為PPGIS能憑藉資訊科技的優勢,所以可以透過環境參數設定,以圖像或視覺化的方式模擬可能的情境及背景闡述,讓參與者可以去具體地比較不同方案的優劣,並進行意見分享及建議闡述,甚至去理解不同權益關係人所關注的要點,從而能在綜整地理空間與社會面向的考量下,做出評估及決策。在新北市光明社區的社區步道PPGIS案例中,社區居民想要串聯現有的社區道路以及資源點,讓遊客可以透過步行以及單車的方式瞭解社區的特色。所以,社區居民首先在Google Earth的擬真環境上,挑選出可能的道路並指認適合遊客的資源點。然而,因為部分的資源點之間距離比較遠,所以需要選擇不同的連接路線。因此,研究團隊利用地形剖面(topographic profile)的功能,讓參與的社區居民可以直接比較不同路線的高低起伏,從而能較為具體地考量遊客的步行或騎乘負擔,最後也在居民間獲取路線的共識。同時,考量到遊客也有停車或坐下休息的需求,所以社區居民也透過Google Earth所提供的距離量測功能,初步量測幾個可能的路旁空地,以確認是否足以作為路旁臨停或是設置座椅之用,以避免之後遊客進入社區後,造成不必要的交通瓶頸。此外,因為部分路線會經

過居民的生活區域（菜園、曬衣場），若是直接讓路線通過這些區域，可能也會造成居民日常生活的干擾。所以，在PPGIS的過程中，參與者也在確認基本的路線走向後，逐步確認各路段可能的影響及沿線的居民意願，希望在路線友善與社區安寧的雙重前提下，逐步推展社區的觀光。

　　PPGIS也可以促進參與者間的空間知識分享、學習與互補。在竹南塭內社區的PPGIS案例中，社區參與林務局的社區林業計畫後，開始著眼於海岸防風林在觀光發展及防風固沙的重要性，所以希望與林管處合作，將防風林的經營管理納入整體社區發展的藍圖中。同時，雙方也開始協調，希望在海岸防風林中尋找一片復育幼苗的用地，讓社區可以協助防風林的天然更新；在這個課題中，社區希望找到一個交通便利且供水方便的區塊，以節省後續苗圃營運的人力負擔，而林管處則是考量用地的合法性以及苗圃的環境適宜性（透水性、透光率）。所以，在PPGIS的過程中，林管處與社區便開始針對彼此的需求，檢核可能的空間位置。社區開始在PPGIS的過程中，分享過去在防風林周邊的生活經驗，同時也開始將需要更新的防風林範圍轉化為空間資訊；而林管處則是在PPGIS的過程中，分享適合防風林的樹種以及其所需要的培育環境。在PPGIS中，社區從林管處的樹種選擇及選址考量中，瞭解防風林生態系的運作知識，而林務局則學習到社區居民在防風林中的生活知識及周邊的遊憩活動現況。透過彼此的空間知識分享、學習與互補，雙方終於協定在取水方便的公廁周邊建立復育苗圃，除了滿足用地的合法、環境適宜與方便營運等空間條件外，也可扮演環境教育的角色，宣導海岸防風林的保育觀念。

　　此外，空間資訊科技的引入，讓權益關係人可以在PPGIS的過程中，以不同的空間尺度解析問題，有助於更寬廣的思考問題，並進行理性論證。在美濃黃蝶翠谷的PPGIS案例中，PPGIS的參與者們嘗試以集水區去釐清黃蝶翠谷內的環境資源；透過空間資訊科技的協助，整合的數位地形資料、高解析航照、道路、河流、林班邊界等基礎空間資訊，讓權益關係人可以在微觀的尺度中，將其空間知識標記在GIS平台上。透過在地居

民、保育組織與林務單位的合作，產製了大量的地理資訊，包括蝴蝶棲地位置、植被狀況、土地權屬與開發歷史，這些資訊協助不同的權益關係人更具體地瞭解谷地資源的分布狀況，以及必須納入的其他權益關係人，也藉此能夠進行更精細的分區討論。同時，透過不同空間尺度的資訊展示，使用者們開始瞭解到黃蝶翠谷水系與下游平原、聚落之間的關係，也更進一步體認到集水區保育及下游水災之間的連結。這樣的知覺提升，進一步拓展了黃蝶翠谷的規劃目標，也讓權益關係人能夠在微觀與宏觀尺度間，在不同目標之間進行取捨，進而提升整體規劃內容的可行性。

因為PPGIS所蒐集到的資料多數是具有明顯空間特徵的資料，所以也適合應用空間分析的方式進行資料的剖析與加值，並甚至回饋到PPGIS的討論程序中，導引權益關係人提出更具創建性的意見，並提升資源分配的公平性。在無尾港經營管理工作坊中，研究團隊就以社區自主進行的鳥類調查資料為基礎，結合不同季節的土地利用特徵，去模擬不同鳥種可能出現的範圍；這樣的分析結果，讓權益關係人具體理解社區土地利用與生物多樣性的相關性，也瞭解鳥類的棲地保育除了保護區之外，亦需涵蓋周邊的農地、河道與丘陵。所以，在這樣的理解下，權益關係人逐漸願意將保護區的經營管理預算投注在周邊的社區，並鼓勵農民以友善的方式經營自己的田園。而在南投神木村的PPGIS案例中，研究團隊就以耆老在1940年代航照上所指認的地標為基礎，與現存的地標進行地理對位（georeferencing），從而系統性地將該區域的歷史航照賦予座標，並能與現有的道路、聚落、林班界及其他空間資訊作套疊，甚至結合數位地形的資料，建立歷史擬真地景。此外，空間分析的應用也可以進一步協助解決社區所遭遇的問題，在利嘉社區的步道尋護案例中，研究團隊就以視域分析（viewshed analysis）為基礎，在社區的巡護路徑中尋找視野最好的至高點，並請社區在這些位置以瞭望的方式協助巡護步道周邊的林班。這樣的轉換過程，將社區的巡守範圍由線拓展成面，在增加最小巡護工作量的前提下，拓展了巡護的有效範圍。同時，這樣的視域分析也獲得林管處的認同，開始用另一種角度思考社區步道巡護的貢獻。

第三節、PPGIS 的成果產出與效益評估

　　PPGIS 導入了空間資訊科技，並以其作為意見表達與傳播的平台，讓過去不善於在公眾場合表達意見的權益關係人能夠轉譯其知識與經驗，並能於其他行動者的意見在空間上進行套疊及分析；而這樣的溝通取徑降低了公共事務的參與門檻，也讓許多邊緣社群從中受益。PPGIS 的參與模式，涉及了空間資訊科技的引用、多元知識的轉譯及傳播、集體的空間分析和協商，而其產出的結果甚至會影響到社區內部的權力分配，所以許多學者也指出 PPGIS 的效益評估，應該同時檢視其「操作過程」與「成果產出」，以瞭解 PPGIS 對於公共事務決策以及參與者的影響。以下針對 PPGIS 的成果產出與效益評估的幾個面向進行討論。

　　一、空間資訊科技的視覺化呈現，能增加社會大眾對議題的理解與支持。因為 GIS 展示空間資料的方式，可以從不同尺度與視角展示資料，在拓展資訊量的同時，也更能呈現空間問題的脈絡與範疇，也更能連結到人類的視覺經驗與思維模式，而 PPGIS 對於空間資訊工具的應用，降低了公眾參與的門檻，也讓更多的權益關係人可以參與公共事務的討論；視覺化的資訊展現平台，能夠協助記錄權益關係人的意見，並具體化與意見相關的空間位置及範圍，甚至能夠藉由文字或多媒體的協助補充在地知識，從而能夠更明確地表達不同參與者的關注重點與價值取向（例如：道路用地上的老樹及土地公，是否應該配合工程去遷移或是就地保留）。同時，空間資訊也扮演資訊整合的平台，讓公部門與民間的資訊可以在地圖上對比，藉由清晰的資訊展示，增加參與者對於整體問題的理解，也能更為具體瞭解可能的影響範圍及規模，從而減少評估時的不確定性。在美濃黃蝶翠谷的案例中，原先在地社區、環保組織與林務單位等權益關係人，都對黃蝶翠谷有著截然不同的發展想像，以致走向「保育對抗遊憩」的論述格局；然而透過 PPGIS 的過程，黃蝶翠谷的權益關係人發現所謂的開發與保育並非是光譜的兩端，特別是在谷口的雙溪樹木園進行生態遊憩的規劃，與谷內的林班地的保育措施並不會衝突。權益關係人在幾次的 PPGIS 之

後，確認「以自然資源保育為最高指導原則，同時兼顧在地發展」的發展方向，開始了更細緻的鋪陳，同時試圖結合林務單位所提供的政策工具，在分區的框架議題上進行更進一步的轉譯，地方組織在全區發展方向的議題上，依據谷地內不同區塊的特性，分別針對保育及發展的議題，細分成五種可能的利用方式，並討論其可能的內涵與政策工具，最後並於PPGIS平台上繪製更細緻的分區地圖與經營管理分工。此外，透過PPGIS的過程，林務單位也與地方居民建立溝通平台，民眾因而瞭解林務單位與居民對話的意願，也充分瞭解林務單位現階段對黃蝶翠谷的保育思維與措施，林務單位因而獲得地方居民的認同，在後續的討論中，都主動邀請林務單位同仁的參與。透過PPGIS的對話機制，讓各權益關係人間有了共同的討論機會，也促使眾人體會到：對於黃蝶翠谷的發展，意見交流與溝通是相當重要的一件事；同時也因為PPGIS的操作方法賦予各個權益關係人發表意見的機會，讓在地社群從原本弱勢、被排除在黃蝶翠谷發展論述之外的角色，轉變成為積極的行動者，化被動為主動，除了在黃蝶翠谷發展願景上提出自己的看法，更在後續的PPGIS工作坊中決定以居民為主體，成立「黃蝶翠谷發展共識促進委員會」，同時與保育組織合作，共同負責執行PPGIS平台上所討論出來的發展共識。

二、空間資訊科技的引用，對公眾參與的另一個影響是：擴大在地影響力並提升決策的民主程度。無尾港水鳥保護區位於蘭陽平原南端，因1960年代的颱風侵襲造成新城溪口淤塞改道入海，而舊河道則形成一片半封閉的濕地。因為適切的位置與環境條件，所以無尾港濕地逐漸成為北臺灣雁鴨科鳥類度冬與過境的熱區之一，並於1993年公告劃設為野生動物保護區。保護區劃設後，因為周邊的私有農地上依舊有農民所種植的蔬菜、水稻等作物，常發生水鳥覓食而破壞作物、秧苗，並觸發農夫獵捕水鳥的衝突事件。此外，在保護區初劃設時，雖有保育計畫書說明該區域的保育鳥類，但卻缺乏空間分布與數量。所以，該地的社區團體便主動發起鳥類

調查，希望記錄鳥種與數量，以作為保護區經營管理的參考依據。後續，也開始跟研究團隊合作，導入數位地圖、GPS空間資訊工具，並將其調查成果轉化為可供比對及分析的空間資訊。這些鳥類調查的材料，同時也成為研擬經營管理計畫書的重要材料。在保護區的經營管理工作坊中，權益關係人利用PPGIS將鳥類調查的成果進行空間整合，瞭解到候鳥多在保護區周邊的田間覓食，所以相關的環境資源經營管理討論，不應該局限於保護區的內部，而是需要拓展至周邊社區。此外，PPGIS也協助彙整具有時序性的鳥調資料，增加調查志工對保護區與鄰近區域鳥況的掌握，也提升志工在保護區經營管理討論的發言效力與參與深度，並以具體數據協助保護區經營管理計畫書的調整，擴大在地社區對於經營管理策略擬定的發言權及影響力，進而達到社區賦權（empower）的效果。

在PPGIS過程中，地理資訊並不純然是一種科學調查的數據，它之所以能在決策的過程中產生影響，實則因為其所代表的繪製者利益，並透過重重轉化使其落實成為治理的正當性（legitimacy）與合法性（legality）。所以，對於在地知識與地理資訊的提供，亦間接讓提供者在社群內的社會影響力或政治角色產生變化，於是，PPGIS對於資訊與知識的再現，同時也重構了在地社群對於環境資源的主控權。

三、空間資訊科技協助轉譯複雜的資料，並提升資訊透明度，從而促進公共事務決策的信任建構。許多學者認為PPGIS的資訊轉化與討論模式，可促進不同權益關係人的參與動機，並可以保障許多邊緣群體參與討論的權利；而將意見空間資訊化後，除了可聚焦課題的影響範圍，並使資訊的傳遞更加透明，也讓公共事務的權責分配更加明確，從而能建立權益關係人間的信任關係。

過去GIS在公眾參與的應用，主要是協助公部門進行規劃資訊的轉譯，並希望藉由公開透明的視覺化展示，讓權益關係人理解其生活環境如何受到規劃內容的影響，從而表達意見並調整彼此對於發展計畫的期待與

目標。過程中，在地的權益關係人可利用PPGIS的平台，將屬於在地的知識與發展觀點，轉譯成為能與公部門對話的地理資訊，並在過程中解構原先「上對下」的管制關係，從而發展一個公開、透明的共識協商過程。然而，在無尾港鳥類調查的案例中，我們看到空間資訊科技協助彙整鳥類的出現位置，同時社區團體也能將這些鳥類分布的區域對應到地主及其態度，從而拓展資訊在經營管理的連結性與重要性。在這個過程中，保護區經營管理的風險定義由行政部門與科學研究團隊轉移至地方社群，而治理的權力亦由行政部門的獨斷作為，轉移至參與式的協商決策，公私部門建構了一種以對話為基礎的經營管理夥伴關係。

不管是鳥類調查或是其他的環境監測活動，我們都可以看到志工的參與，大幅減輕了行政部門在監測資料取得的行政成本，也重塑了資訊產製的流程，讓原先需要大量成本建構的資訊平台、監測技術與資料庫，都依照在地社區的知識與需求進行簡化，從而創造了一個可持續的監測機制與可靠的資料品質。在地社區的監測行動與成果，同時協助地方的行政部門能夠爭取到更多中央的經費支持，提升保護區治理的績效與品質，從而建構了彼此的信任關係。

此外，PPGIS以空間資訊的方式，協助定義與釐清風險成因，也讓不同行政部門間的治理權責開始出現整合的契機。過去大排拓寬與水門操作等，因為與保護區經營管理脫節，以致保護區內的水體形成明顯的感潮效應，成為保護區經營管理的風險，究其內涵可說是公部門將治理的風險轉嫁於社區。但是因為社區監測的成果以及PPGIS的轉譯，呈現了風險內涵，改變了風險治理的樣貌，同時整合科學知識與在地知識，削減了技術官僚獨斷治理的風險。

四、空間資訊科技能協助資料進行更深刻的分析，從而提升參與者的討論品質。空間資訊科技在公眾參與的過程中，不只扮演資訊轉譯的媒介，同時也提供了空間分析的功能；它協助將資料（data）轉化成為資訊

（information），而這些資訊則協助權益關係人進行：探索（exploration）、整合（synthesis）、分析（analysis）、評估（evaluation）等程序，並以更多元性的觀點去理解空間資訊與地理現象（geographic phenomena）間的相互關係，進而提升討論內容的啟發性與聚焦度。

在無尾港保護區的濕地高程PPGIS案例中，保護區出現了大面積的淤積，因為不確定是因為水文因素的影響，還是長期的淤積造成陸化，而這種不確定原因的「環境風險」，也造成權益關係人間的關係緊張，並在「疏浚」與「水文控制」等方案間爭執。緣此，研究團隊與社區團體合作進行保護區的水底高程測量，並利用空間內插（spatial interpolation）的演算法推演出水底高程與淤泥分布範圍，這樣的視覺化呈現有助於權益關係人掌握過去「不可見」的水下環境。這些資訊除了可以利用擬真地景的方式進行展示，也可以依照需求產製特定位置的地形剖面資料，讓權益關係人可以具體地檢視河道的橫斷面線與縱斷面線，從而理解水下地形對於水流進出的影響，並評估不同地形變化對於淤泥分布的影響。同時，參與的調查志工也補充小時候在河道中戲水的經驗，去解釋底部的淤泥與湧泉的關係，以進一步拓展水文資訊的內容。

此外，這些水底高程的分析資訊也被用來比對水鳥調查資料以及相關棲地位置，從而評估疏浚時的重點工作區域，並達成疏浚與棲地保育的多重目標。後續，社區組織則持續進行年度性的高程與鳥類調查，並回饋到PPGIS中，以協助權益關係人檢視：清淤、水位與鳥類數量間的連動關係，並以其作為保護區經營管理的標的。

PPGIS除了協助權益關係人以2D或是3D的模式檢視地理現象的分布，並利用空間分析的功能，協助權益關係人從彙整資訊中獲得更好的啟發（insight），並得以用不同的假設去檢視不同環境變量間的關係。在前述的濕地高程案例中，PPGIS及其所附帶的空間分析功能，協助將社區團體所提供的量測資料，藉由空間演算法的加值成為「空間資訊」，讓權益

關係人可以較為科學的方式分析水流、地形與淤泥分布等環境變量間的關係。同時，這種具有科學性及啟發性的討論程序，也大量減少個人經驗與臆測所造成的溝通成本。

整體而言，在空間資訊科技的協助下，PPGIS的進行也可以被視為一個集體的地理知識生產過程。權益關係人共同蒐集資料、解讀空間分析成果，並以不同的剖面資料來驗證不同的水文假設，從而得到一個彼此都能認同的現象解釋與治理方案。透過PPGIS及相關空間資訊的協助，權益關係人從視覺化思考（visual thinking）逐漸進展到視覺化溝通（visual communication），且其內容則綜整了私人經驗與公共對話，而這樣的參與程序及知識生產特徵，也構成了PPGIS與其他公眾參與方法的基本差異。

五、對於空間資訊科技的應用與掌握，可提升社區意識與主體性：光明社區位於新北市汐止區，1950年代初期，因為鹿窟事件一案，讓當地居民逐漸外移，及至1969年艾爾西風災造成大規模的山崩，造成山區謀生不易，人口外移嚴重，社區發展逐漸停滯。2016年初，研究團隊應當地關心社區發展人士之邀請，前往光明社區以PPGIS之方式，協助社區進行文史及環境資源調查。在一連串的在PPGIS過程中，社區居民指認出多筆社區資源點的位置，如：煤礦文化、產業及生活文化、宗教信仰、歷史地點或古蹟、特殊地名、生態亮點、在地好食等。其中更以日治時期的保甲路為基礎，進行社區文化路網的規劃與探勘，希冀以具有歷史意義的在地路網，串接各類的社區資源點。此外，經由PPGIS所蒐集的基礎資料以及討論意見，社區居民逐步凝聚社區發展的共識，並自主地決定社區的發展方向應該以「健康永續的生活形態」為目標，希望保留社區豐富的文化記憶，並保育多樣的生態景觀，以此兩項核心概念進行後續的社區發展規劃，希望能重塑居民間的社區感。

此外，透過PPGIS的平台，社區居民得以集體呈現其所累積的在地知識，透過3D空間資訊展現與在地知識的整合，參與討論的公部門成員受到居民的引領進入不同類型的資源分布點位，體驗到社區內豐富的自然

資源，也細緻化其對於社區發展構想及與政策的銜接可能。藉由PPGIS平台的協助，社區得以醞釀討論，並提出符合自己生活／生計的發展原則。PPGIS的資訊提供、互動、標示，讓居民認為其所發表的意見受到重視，提升了參與的自信，同時也促使居民願意信任這個平台，繼續參與後續討論；同時，經過PPGIS所促成的在地知識再現，讓社區居民覺知空間資訊與發展議題的連結，同時個人對於發展的意見也必須經過其他參與者的檢視，才能逐步建立發展原則的共識。

PPGIS帶來的資訊透明化、易懂的空間資訊及相對友善的發言機制，提供一個權益關係人可共同參與、協調、互動對話的平台，改變了規劃及決策的程序。過往的區域規劃係由公部門所主導，重視學者專家的意見，社區居民多是處於被動配合的狀態；而在引介PPGIS後，社區的在地知識與動員能力獲得正視，由居民所凝聚的發展方案，也更具有正當性；PPGIS所記錄及呈現的在地知識使其瞭解社區資源的豐富及其空間分布，也與公部門的推廣構想形成互補，進而觸發後續「保甲路修復」與「社區營造」等社區發展計畫的提案。

第四節、小結

公眾參與是現代公共行政的核心概念，一個好的參與程序可以促進公私部門間的溝通，並減少資訊的落差與潛在衝突，甚至建構對政策有益的修正。同時，民眾也會在其過程中，瞭解整體政策的內涵及影響，並能獲得培力。PPGIS以空間資訊科技作為整合工具，讓權益關係人能以集體協力的方式，產製具有地方脈絡的空間資訊，並在官方觀點外增加在地觀點，以重新定義詮釋問題，不只衝擊環境治理時的知識生產結構，也影響公眾、專家與政府之間的權力關係。在PPGIS的應用模式中，空間資訊科技成為一種協助邊緣社群發聲與賦權的平台，並將空間資訊的產製權力轉換到具有在地知識的公民社群，從而讓在地行動者的知識與意見，能夠轉

譯成為能與科學知識對話／比對的空間資訊，並實質進入決策的協商程序中（Brown & Kyttä, 2014; Dunn, 2007; Elwood, 2006）。

此外，PPGIS雖然訴求應該在協商與決策的過程中納入多元的在地知識，然而，因為在地知識未必能以空間資訊的格式去記錄與呈現，所以如何有效掌握在地社群眾所談論之空間現象，並選用適當的媒介加以記錄，甚至建立一個開放的檢核機制，也是PPGIS所需關注的課題之一。所以，在進行PPGIS之前，我們需要對權益關係人的語言、當地地名、社會慣俗與爭議課題等，都預先瞭解及準備，才可以在瞬息萬變的公眾參與場合中，精準地將權益關係人所提供的資訊與意見，轉化成為空間資訊，同時也必須與其他權益關係人反覆確認，以盡力確保資訊內容的正確性與完整性。

最後，PPGIS對於資訊的空間轉化與揭露，也有可能對在地社群產生衝擊，例如：某些珍貴／敏感的資源被揭露在地圖上、某些曾經被污名化的地名／地點，或是對於環境資源所有權的認知差異……等，都有可能衝擊在地社群原有的權力結構，甚至激發對立。此外，PPGIS雖然希望促成邊緣社群的賦權，然而這樣的權益關係變動，勢必也指涉某些人必須放棄其既有權益，而這些改變都是涉及深層的在地政治或文化，並非一朝一夕所能撼動。所以，如何在PPGIS的過程中，兼顧在地的脈絡與文化，並在公平的前提下擴大對話與協商，亦是PPGIS執行時所應關注的重點。

參考文獻

Al-Kodmany, K. (2002). E-community participation: Communicating spatial planning and design using web-based maps. In D. Kidner, G. Higgs, & S. White (Eds.), *Socio-economic applications of geographic information science* (pp. 68-91), London, UK: Taylor and Francis.

Brown, G., & Kyttä, M. (2014). Key issues and research priorities for public participation GIS (PPGIS): A synthesis based on empirical research. *Applied Geography, 46*, 122-136. doi:10.1016/j.apgeog.2013.11.004

Dunn, C. E. (2007). Participatory GIS—A people's GIS? *Progress in Human Geography, 31*(5), 616-637. doi:10.1177/0309132507081493

Elwood, S. A. (2006). Participatory GIS and community planning: Restructuring technologies, social processes, and future research in PPGIS. In S. Balram & S. Dragicevic (Eds.), *Collaborative geographic information systems* (pp. 66-84). London, UK: Idea Group. doi:10.4018/978-1-59140-845-1.ch004

Google. (n.d.). [Google Earth]. Retrieved from June 9, 2021, https://earth.google.com/

Pickles, J. (1999). Arguments, debates and dialogues: The GIS-social theory debate and the concern for alternatives. In P. A. Longley, M. F. Goodchild, D. J. Maguire, & D. W. Rhind (Eds.), *Geographical information systems: Principles, techniques, management, and applications* (Vol. 1, pp. 49-60), New York, NY: John Wiley & Sons.

Sieber, R. (2006). Public participation geographic information systems: A literature review and framework. *Annals of the Association of the American Geographers, 96*(3),491-507. doi:10.1111/j.1467-8306.2006.00702.x

duofu（無日期）。收錄於**痞客幫**〔淡水紅毛行城無礙之旅〕。資料引自 http://duofu.pixnet.net/album/photo/123602167

內政部（2018）。**無尾港重要濕地（國家級）保育利用計畫（草案）**。資料引自 https://wetland-tw.tcd.gov.tw/upload/file/20190531095323444.pdf

台灣千里步道協會（無日期）。**夢想一條環島的千里步道**。資料引自 https://www.tmitrail.org.tw/

行政院農業委員會林務局（2008）。**社區林業計畫作業規範**。資料引自 https://communityforestry.forest.gov.tw/Forestry_Community_Api//Files/LatestNews/61/1/20220216154404060/社區林業計畫作業規範（111

年 2 月修訂版).pdf

吳勝雄（1978）。**北門鎖鑰**。臺北縣：作者。

官大偉、林益仁（2008）。什麼傳統？誰的領域？：從泰雅族馬里光流域傳統領域調查經驗談空間知識的轉譯。**考古人類學刊**，69，109-141。doi:10.6152/jaa.2008.12.0004

宜蘭縣政府（2015）。**無尾港水鳥保護區保育計畫**。宜蘭縣：作者。

盧道杰、趙芝良、羅欣怡、高千雯、陳維立、羅柳墀、…王中原（2013）。臺灣海岸河口溼地型保護區經營管理效能評估。**地理學報**，68，19-42。doi:10.6161/jgs.2013.68.02

鍾明光、蔡博文、盧道杰（2012）。利用行動者網絡理論檢視公眾參與地理資訊系統對社區發展轉向之影響——以美濃黃蝶翠谷為案例。**地理學報**，64，21-44。doi:10.6161/jgs.2012.64.02

Chapter 3
對抗性地圖──

我們從未製圖過：坎坷的對抗性製圖。

第一節、引言：對抗製圖的坎坷特性

　　對抗製圖是以地圖繪製為手段，作為爭取土地等權益的方法。受到空間資訊科技快速發展的影響，對抗製圖的方式逐漸與空間資訊技術整合，除了利用遙感探測（remote sensing）與全球定位系統（Global Positioning System）可得到更精準的土地空間資訊之外，利用地理資訊系統更可將繪製於紙本地圖上的點、線、面符號資訊數值化，透過與不同資料整合，讓對抗製圖的表現具有更大的彈性，讓在地觀點的資料於引入決策的資訊平台中，進而取得公眾議題論述的主導權，這種對抗製圖過程所產生的成果即為對抗性地圖（counter mapping）。

　　關於對抗性地圖的繪製與使用想像，美國人類學家Nancy Lee Peluso 1995年在一篇名為"Whose Woods are These? Counter-Mapping Forest Territories in Kalimantan"的文章中，具體地引用「對抗性地圖」一詞作為論述的主軸。她回顧製圖的歷史大多是基於現代化初期和當代歐美的地方和國家歷史，對於第三世界的描述是貧乏的；她發現當今製圖技術的進步已經讓國家和在地的製圖者進入競爭的領域。地圖變成了資源劃分和為資源使用者打開政治空間的工具。讓在地製圖可以是爭取權利的管道，因此在地組織也開始利用製圖來反制或平反以往國家對於製圖的獨霸。在地組

織可以透過製圖來宣稱權力，官方地圖上所沒有顯示的比有顯示的反而更加重要。新的地圖挑戰了所謂的標準，把過去被抹除的聚落、村莊與人的元素再度植入。在發生土地糾紛時，新的地圖可以作為司法參考。Peluso於是把這樣的地圖創建稱為counter mapping，又叫alternative mapping，有人翻譯作反主流地圖，筆者認為可以翻譯成抵抗地圖或取英文alternative的寓意翻譯成「在地翻轉」地圖，但是由於筆者發現國內外許多在地製圖的對抗過程（counter）往往充滿艱辛，因此在本文以諧音翻譯為「坎坷地圖」。筆者在文章標題中以「坎坷」來對譯counter（對抗）的意義，從集體繪圖的過程探討對抗性地圖之中，從無權到賦權、從無聲到發聲、從忽視到看見的過程。近年來對抗性地圖的理念與作為在社會各個層面遍地開花，舉凡原住民族部落發展與開發、都市計畫、遷村、道路拓寬、保護區劃設等課題，均可見到社區民眾或組織，利用地圖來陳述意見、呈現證據等實踐對抗性地圖概念的相關作為（Halder & Michel, 2018），而這些實踐過程，幾乎都是在地人民或社群因為某些由上而下的空間規劃導致權益有受損之虞，才慢慢集結繪圖，過程往往充滿由下而上的努力與堅持。

首先將透過新竹市公道三道路的開發及臺北市的三井倉庫遺址的遷移異議的例子，說明在地居民透過參與式地圖之繪製影響決策的努力，呼應了民主決策機制應廣納多元觀點的倡議，甚至顯示了反抗一言堂決議的對抗性地圖的特性。這兩個都市的例子呈現出都市中代議制度的先天局限，也顯示出以專家決議為導向的決策機制，仍然需要收集在地不同的觀點，甚至針對議題能收集不在籍的不同人士的觀點，以增加都市規劃的參與性，並讓主政單位的理念能進入更多思辨與審議的過程之中。

接著將以邵族的部落地圖繪製過程，深描在地族人因殖民開發或他者發展導向的過程中，如何深深受限於他者的繪圖觀點當中，而陷入種種困境，也使得晚近以便捷的地理資訊系統得以表達邵族人自我觀點的部落地圖繪製，成為一個深切低吟的抵抗性地圖，而成就一個坎坷製圖的典範。文中將以一位邵族婆婆參與邵族傳統領域繪製的過程中牽引出她的個人

傳記，呼應了地圖傳記（map biography）這種1960年代在北美加拿大地區原住民族保存與主張土地所有權時採用的方法（Usher, Tough, & Galois, 1992），鋪陳其個人的生活經驗並將傳統慣習的活動點滴透過Google Earth記錄點、線、面等空間資訊，記錄相關的口傳故事及典故，以作為界定傳統領域範圍的證據（Tobias, 2000），也陳述了邵族在繪製傳統領域過程中受到的阻礙與障礙。

第二節、地圖上真正的複數「我們」

一、新竹市公道三道路：在地社區的表達 vs. 縣政府規劃思維

　　如果要在櫛次鱗比的都市內開設一條道路，想必牽涉許多層面，相對於「桌上畫畫、牆上掛掛」的時代，道路的新建應該處於規劃者、用路人、還有土地建物等權益關係人之間可取得的最大交集。地理資訊便捷的當今社會，如果能廣邀相關民眾參與規劃，較能獲得權衡輕重的判準，新竹公道三道路從規劃到施工經歷了約三十年的過程，顯示出不同規劃典範的變遷，從維護區域道路整全性到需拆遷戶的財產權考量，都是這個案例可以看見的議題面向。

　　新竹公道三道路以新竹市政府提出的方案一作為施作項目。該方案需拆遷78棟房以換來筆直的道路景觀與安全係數，由於影響當地住戶甚鉅，受到影響的居民或拆遷戶漸漸從擔憂邁向思考與行動，表達出對於市府規劃單位的疑義，為了讓新建道路的過程能增加不同的視角與思維方式，居民組成自救會，透過集體討論並進行道路規劃地圖繪製，提出他們認為影響較小的方案二，以此對抗性地圖的手段，向市政府建議優先以公有地為道路用地的在地觀點，並提供都市計畫書裡的附圖，顯示出「其道路規劃乃是沿著民宅周圍的國有地、縣有地等公有土地，且該路線規劃所繞行之

公有地，現在主要被規劃為停車場供民眾使用」，也就是若使用方案二，基本上可以大幅減少拆除地上建物的問題，自然也能夠有效降低對於當地住民之損害影響。這樣的選項也幫助市府能減少民眾抗爭並有進一步的法律支持，是一個更尊重在地市民意見的選項。

　　過程中可以看到自救會透過對抗性地圖的繪製，進行「我們」觀點的呈現，尤其針對道路安全的考量，居民認為：「如此重要的影響因素，市府卻未對此路線的相關路型，做出更進一步的交通影響評估，也沒有具體的統計數據支持佐證，而只有官員不斷的口頭理論，讓人難以確定這更改路型的交通安全理由，究竟能改善多少，又可帶來多少其所宣稱『交通安全上的利益』？」這樣的質疑，應該可以促成不同方案所具有的安全係數的模擬研究，但也許是直線道路比彎式道路安全的直覺判斷，以至於居民所提出的彎道選項沒有被進一步考量。

　　公道三的興建在安全係數的考量下最終選擇方案一，其代價不僅是徵收費用比民眾所提方案二多加了七千萬元，同時也須面臨更多居民的抗爭，看起來新竹市交通處所提：「直線路線相較彎形道路更能夠避免車輛碰撞，降低車禍發生率，提升車輛安全」這樣的考量最終成為決策的依據而讓方案一成為定案。

二、臺北市三井倉庫古蹟遷移案：共同理念社群的表達 vs. 政府規劃部門思維

　　忠孝西路幾乎是臺北市運輸系統的樞紐，這條路是日本政府在清代臺北城廓的牆址遺址上構築出來的臺北環城道路之「三線路」，1982年完工的忠孝橋引橋，雖然紓解了鐵路地下化前的交通瓶頸，但卻為北門的百年風華帶來了三十幾年的陰影籠罩。臺北市政府為了邁出「西區門戶計畫」的第一步，而大動作執行拆除了忠孝橋引橋的政策。西區門戶計畫為近期市府大規模的開發與重整計畫，隨著捷運機場線的逐步開通，臺北車站周

遭需做土地利用的重整，忠孝橋引橋的拆除，宣示了市府欲藉公共運輸路線的規劃來重現「北門意象」，然而在計畫的過程中，卻引發了位在北門旁歷史建築「三井倉庫」的遷移危機。

面對三井倉庫的遷移危機，民間漸漸形成「搶救北北三」社群，除了積極參與多場工作坊，也透過地圖繪製的手段，發起北門周邊區域的文化景觀提報，然而在三次的文化資產審議會中，都發局與交通局分別以北門廣場整體規劃以及交通安全等理由，堅持將三井倉庫由原址向後遷移51公尺（見圖3-1），因此市府與民間團體在這三次會議中無法達到共識。

在這些針對市府政策提出異議的過程中，我們可以發現有許多非籍屬本地卻關心三井倉庫的民間人士，透過歷史的研究與歷史建築的重要性來倡議原地不動的保存方式。他們認為三井倉庫，雖於2011年被登錄為歷史建築，「然而對於其設施、用途卻一直缺乏明確的資料。但近年來，陸

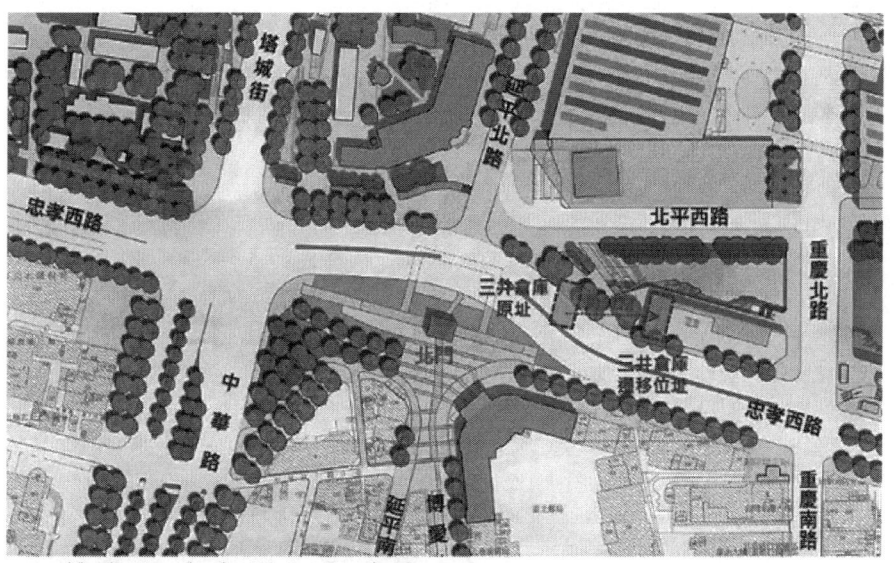

三井倉庫 文資保存案 方案二
由都發局提出，希望藉遷移三井倉庫，完成完整且對稱的北門廣場，並希望藉此完成西區門戶開發計劃，缺點為歷史建物遷移，減損其歷史意涵。

資料來源：黎育如與邱姵慈（2016）。

圖 3-1

民間團體所提出路型方案認為三井倉庫應維持原址，保留歷史呈現的完整性並配合北門原址保存的精神，因此在北市所提的規劃圖上提供另類思維，即交通分流的概念，甚至將這一區改成徒步區並希冀達成逐年交通減量。

續出土的資料都揭示了，三井倉庫是日治時期殖民經濟的重要見證，在城市空間上同時也是大稻埕藉由北門通往城內的重要節點。」搶救北北三成員在文資審議會表示，「配角也很重要」，堅持市府的計畫不能只「重北門而輕三井」，另表示：「西區門戶計畫很理想，但不夠全面」，他認為這是都市規劃、都市設計者的理想，但卻缺乏歷史文化與生態的全面思考。

然而，市府團隊認為兼顧整體的願景計畫才是最好的施政方向。都發局局長在會議中多次以自己也是文資委員的身分作擔保並且表示：「遷不遷移不是重點，重點是經過整治後是否是好的文資環境」，同時也認為歷史建築是可以依都市計畫而應變遷移的。而交通局則針對交通安全的觀點，一再提出北門周圍交通失事率節節升高的數據。但搶救北北三則回應認為：「交通是會變的，但文資是不會變的。」民間各界人士以文資保存為上的觀點，認為應連結北門、撫臺街洋樓、臺北郵局、鐵道部、三井倉庫，保存各個建物原址，完整建構北門周遭的空間意象，交通問題應依靠「時間」解決，先進行交通減量，而非急於建築北門廣場。

從以上的討論，我們看到透過對抗性地圖的實踐，不同觀點得以相互比較而獲得更多的角度論證過程，市府團隊主張建置北門廣場徒步區，並宣稱徒步區的構想是為實踐「人本交通」的概念，而搶救北北三則認為，真正的「人本交通」，應是使交通量減少，使大眾改用步行或搭乘交通運輸工具以取代車輛通行，而非汽車一樣多，卻犧牲周圍景觀，建置北門廣場徒步區。這些不同觀點的論述，一一具象化成地圖，作為論述與捍衛理念與權益的平台。

從以上兩個發生在人口密集的都會的情境中，針對開發的議題，似乎目前的代議制度或行政決策難免會忽略其他多元的觀點，我們看到地方民眾不論是在地權利受影響的「我們」，或者分散各地關心文資處境的「我們」，透過另類觀點地圖的呈現，可以與政府既有的觀點對話並揭露更多的資訊，儘管有些決策機制尚未能達到平等，但事關許多日常生活公共設施的設計得以進入公眾參與的視野，真正達成對抗的目的。

接著本文企圖透過地方生活脈絡的探詢，從在地人綿延的日常生活角度探討空間的變遷，如何以一種在地的全貌觀來對抗發展觀，以凸顯出對抗性地圖的底蘊，為坎坷製圖呈現出另一個範例。

第三節、「走入歷史」來看見「傳統領域」：邵族與異族眼中的收租活動

2002年12月22日這一天，在埔里鎮仁愛公園及五頓街上，歷史彷彿錯置，筆者看到大約五十多位邵族人穿著傳統服飾背著背籠，成群結隊地走在大街，也接受著埔里人準備的鹹豬肉、白米、酒、米粿等物，給邵族人裝在背籠或竹筒內帶回日月潭。

這是一場由埔里耕藝協會所辦理的「邵族收租歷史重現活動」，根據其活動企劃書所記載，原來道光年間平埔族移居埔里盆地，承墾了埔社及眉社兩社土地，擁有業主權之水沙連六社化番，號稱草地主，宛如大租戶，而平埔族或是漢人，則成了小租戶或佃戶，必須繳納番大租或番租。後來，這些租糧成了邵族六社族人主要及固定收入，但經一段時日後，六社化番因社墟勢弱，或原先締約頭目過世，或通事未能催繳，致使番大租之繳納日形輕率，屢被拖欠。

埔里老人尚有記憶農曆過年時，邵族會來埔里收租，這樣的習俗一直到日據時代前都還存在著，但已面臨失傳的危機，埔里耕藝協會希望藉由此次收租活動重現歷史。筆者有幸地以邵族文化發展協會秘書之名義參與了這一次活動，更幸運地能體會歷史文獻中的「番大租」之片段。

關於歷史上這樣的活動，主辦單位的簡史朗老師在《邵族收租──歷史重現》一書中曾有深入探討，他認為水社邵族人所收取的應是守屯的屯餉。從乾隆年間，水沙連六社即有屯丁的配額，每名屯丁每年都有8元的屯餉，一直到清光緒日人占領臺灣之前，都按時發放，不過，道光28年（1848年），臺灣道徐宗幹提出設立「水沙連大屯」的想法，以番養番，

開放埔社的埔北與埔南土地，由埔裏社自行招墾，再由所收的番租中抽出部分，給付六社屯番作為屯餉，一來可以招入平埔族人墾民，杜絕漢民的私墾，二來又可籌足屯餉，兩全其美。雖然，當時徐宗幹的提議並沒有付諸實現，不過，次年他的提議都具體成行。

從簡史朗的論證看來，「邵族人並不是土地的主人，所以收取的租稅自然不是『草地租』，嚴格說來，應是守屯的屯餉。後來歷經清末劉銘傳清賦減租，和日治初政權更迭消滅大租權的影響，水社邵族人終於在領不到實體的屯租之下，變成只剩下收取象徵性的些許物質」（簡史朗，2005，2006；簡史朗、曾品滄，2022）。

從歷史文獻上的記載，可以發現至少在清康熙年間，當時對水沙連番社就有「二十四社或二十五社及六社」等不同的稱謂。到了乾隆31年（1766年）設理番同知北路，管轄番即有二十四社之稱。因此清時期中葉以降，臺灣官吏之紀錄或奏疏中，亦屢見對水沙連二十四社之稱。而對水沙連六社之稱，道光21年（1841年），臺灣道熊一本在〈條覆籌辦番社議〉中，已有「水沙連六社」之名（張蒅，1976；陳永龍，2002）。

道光26年（1846年），北路理番同知史密的〈籌辦番地議〉，翌年（1847年）閩浙總督劉韻珂之〈奏勘番地疏〉及《全臺輿圖》〈埔裏六社說略〉，皆有「田頭、水裡、貓蘭、沈鹿、埔裡、眉裡」等六社的記載。水沙連六社之中，田頭、水裡、貓蘭、沈鹿皆屬於邵族（國立臺灣大學考古人類學刊編輯委員會，1958）。

透過這些文獻的爬梳，筆者才發現，邵族人在邵族文化發展協會所舉辦的邵族傳統領域地圖繪製工作坊會議中，儘管當年邵族人確實有回憶起埔里收租之事，但並沒有將傳統領域的劃設涵括到現今埔里鎮的範圍。看起來這幾場由臺大地理環境資源學系及中華民國地理學會所承辦的部落地圖工作坊，族人似乎把「傳統」的時間範圍，限定在1846年清領中葉，仍控有田頭、水裡、貓蘭、沈鹿等四社即今分屬魚池鄉新城村、水里鄉頭社村及頂崁村的境界。

2002年筆者在邵族傳統領域地圖繪製工作坊會議中，以邵族文化發展協會秘書的名義，向與會者說明傳統領域的繪製目標與緣由：「原住民族傳統領域土地調查計畫是由原住民族委員會所委託進行的，係緣起於陳水扁總統於2000年競選時所提出的『臺灣原住民族與臺灣政府新夥伴關係』，該政見內容主張承認臺灣原住民族之自然主權、推動原住民族自治、與臺灣原住民族締結土地條約、恢復原住民族部落及山川傳統名稱、恢復部落及民族傳統領域土地等等」。陳水扁執政後即由原民會著手進行相關政策之推動，開始辦理原住民族傳統領域土地調查計畫。

　　自2002年開始，中華民國地理學會研究團隊在原住民族委員會委託下，以參與式行動研究為研究取向，部落地圖（社區地圖）為核心，運用地理資訊系統作為傳統領域資料整合平台，開始在全臺各地重要部落展開傳統領域的調查及地名意義的整理，除完成30個部落之傳統領域調查外，更應用公眾參與地理資訊系統（public participatory geographic information system, PPGIS）率先於司馬庫斯進行先驅研究。其中邵族也受計畫主持人張長義及蔡博文教授之邀，參加繪圖工作。筆者當時身為邵族文化發展協會秘書，透過行政工作極力邀請在地族人廣為參加，並認為公眾參與之意就是希望參與的邵族人必須具足「代表性」，能有共識地「共同」探討出傳統領域的時間與地點或空間的內容。

　　中華民國地理學會認為傳統領域的劃定，其中確切的時間及地點或空間內容，是必須由在地人共同參與共議決定，經過幾次會議，我們雖然對於何謂「代表性」、何謂「共議」沒有確切的答案，但在2002年的當下，我們也透過Google公司剛剛發布的Google Earth，實踐了幾次公眾參與地理資訊系統工作坊（Tsai, Chang, Lin, & Lo, 2006），經驗發現「代表性」必須從地圖資訊內容的比較來著手，只要比之前的繪製內容更充實、更實質探討時間及空間屬性就是更具代表性的地圖。

　　邵族在土地權益的議題上漸漸累積了一些製圖經驗，比如說為了邵族未來能在日月潭區域的生存發展，邵族文化發展協會也與臺灣大學城鄉發

展基金會合作規劃「邵族文化復育生活區」，以參與式規劃的方式匡列了公用土地，以作為邵族的發展基地，其內容包括：文化復育區、邵族行政區、農業復育區、部落住屋區、水域產業文化區（獨木舟復育場、水濱活動場、四手網水域復育區、歷史人文解說區）等（見圖3-2），政府也提撥設計及建設款項約六億元請原住民族委員會、南投縣政府及林務局合作促成邵族願景的實現。

儘管計畫核定已經過三任總統仍未實行，邵族依然不減自主製圖的意望，只有不停的發聲（utterence）與述說，才能透過地圖來抵抗土地的流失，真正落實對抗性地圖的理念，尤其最近觀光興盛，許多投資建設都以日月潭周邊為開發重點，比如說孔雀園與向山開發計畫，都是縣政府以其所擁有的「公有地」按build operate and transfer（BOT）方式，委託民間或國際財團開發日月潭。

圖 3-2

為了「邵族」未來能持續在日月潭區域生存發展，邵族文化發展協會也與臺灣大學城鄉發展基金會合作規劃「邵族文化復育生活區」，以參與式規劃的方式匡列了公用土地以作為邵族的發展基地

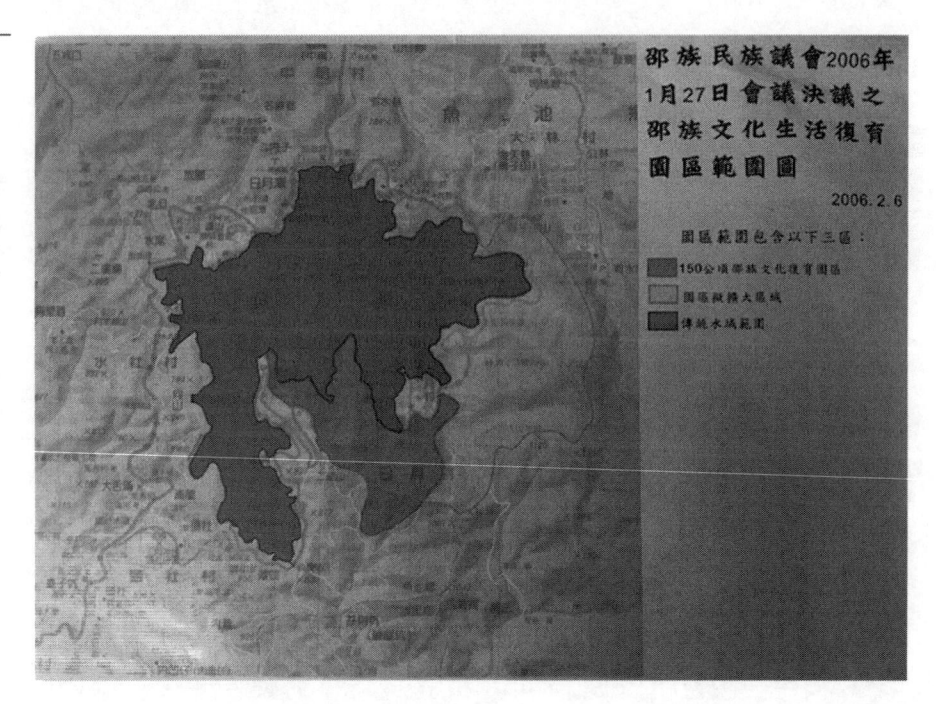

縣政府促進民間投資的方法看似有效，但這樣的開發與發展操作，其實依然忽略了土地原來的使用者邵族人的觀點與需要，邵族人因此援引2005年通過的《原住民族基本法》（以下簡稱《原基法》）第21條的諮商同意及利益分享原則，要求開發廠商能進入與邵族人諮商的程序，但2015年6月3日南投縣林明溱縣長對媒體表述：「邵族人在日月潭地區的『傳統領域』仍未明確劃定範圍、公布實施……」這也是邵族在面對孔雀園飯店BOT案多次表達，強調反對立場與數場抗爭未果後，在面臨環評審查主管機關南投縣政府，不得不選擇走法定劃設公告這條艱辛路的主要原因。

　　邵族依《原住民族土地及部落範圍土地劃設辦法》（以下簡稱《劃設辦法》）第8條，提送劃設計畫書至魚池鄉公所，轉呈南投縣政府及原住民族委員會後核定執行，依《劃設辦法》第4條組成劃設小組；依《劃設辦法》第7條參照原民會公開之原住民族傳統領域土地調查範圍，確認邵族劃設之區位與範圍並記錄各必要座標點位。建置數位化劃設成果及地理資訊圖資、相關文獻、口述等資料後，依《諮商取得原住民族部落同意參與辦法》召開部落會議，並依《劃設辦法》第10條，經部落會議議決通過，轉呈主管機關辦理書面審查（林燕婕，2019；陳怡萱，2020；鍾麗娜，2019）。

　　《劃設辦法》於2017年2月18日頒布，政府於2018年6月11日首波公告劃設烏來區泰雅族、邵族傳統領域範圍（見圖3-3）。原民會強調，公告範圍內公有土地上之重大開發行為，如日月潭周圍之孔雀園與向山BOT開發案，都應適用《原基法》第21條，須依法諮商取得當地原住民族同意後始得進行開發利用。

　　因此，原民會此波公告也可讓邵族部落有權行使諮商同意權，讓爭議多時的日月潭周圍孔雀園與向山BOT開發案得以進行有邵族參與的諮商同意程序。此過程充分展現出邵族以對抗性地圖爭取土地權益的艱辛與堅持。

圖 3-3

依據《劃設辦法》原住民族委員會於 2018 年 6 月 11 日公告邵族傳統領域之範圍

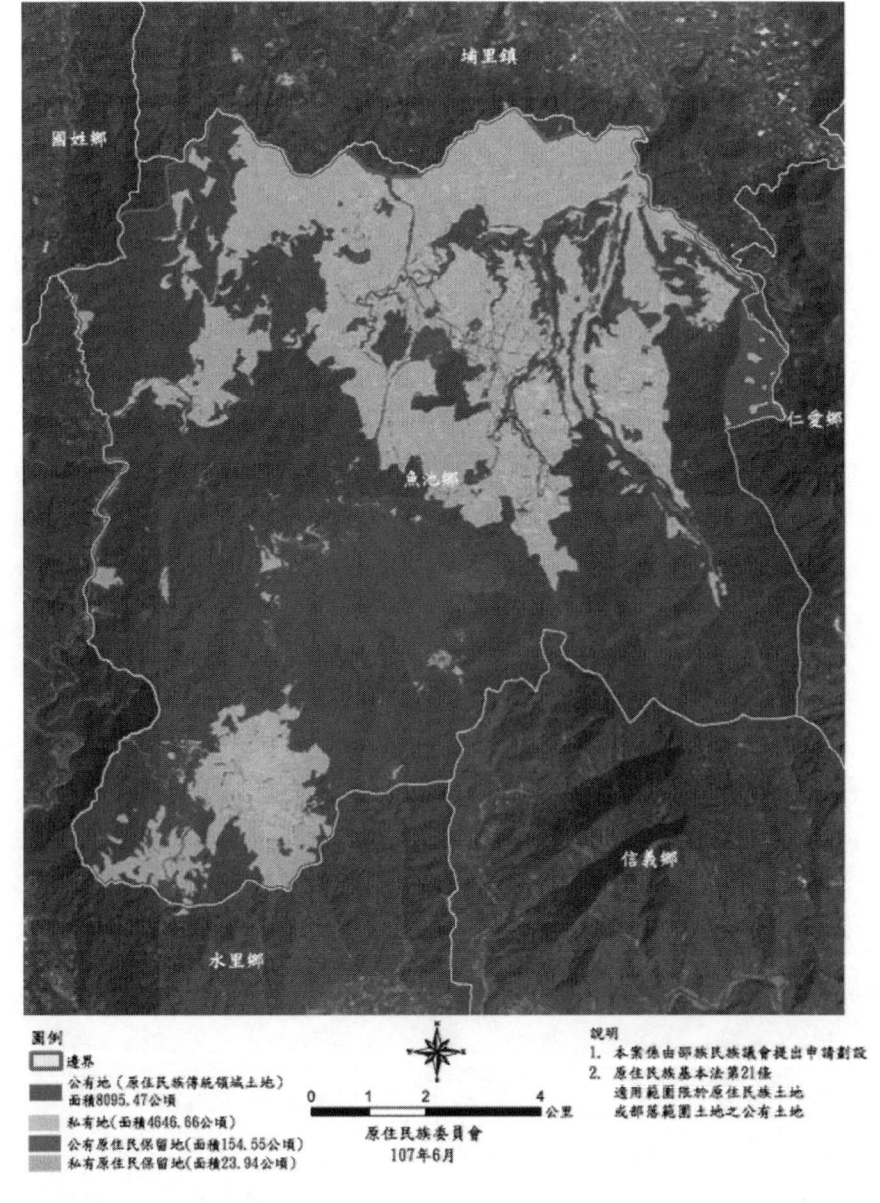

資料來源：翁書煌等（2018）。
註：彩圖請見附錄彩頁，頁 192。

第四節、個人傳記地圖：邵族毛女士的常民知識所呈現的地圖

幾次參與式部落地圖繪製之會議中，一位常常參與的毛女士（1939年出生）透過自己生命史的述說，把邵族的境界變遷表達出來。針對收租的事情，她回憶說以前會到司馬按收粿的往事，解釋了邵族文化發展協會之所以將「傳統」的時間界線訂在道光年間仍統領有四個舊社領域的光景，並將傳統領域的北界線定在埔里鎮的緣由：

> 以前愛吃粿，出田給人〔出租田地〕就「收粿」當收租。今天司馬按、番仔田這些地方，都有田租給平地人，就說過年有做粿，我們來收粿，就當收租。有的平地人很忠厚，準備好放在桌子上，有得吃又有得拿回去，粿的種類還很多種，有甜粿、發粿等；也有很「姑烙」〔臺語意謂吝嗇〕的人，要去收粿卻把門關上，不給人，隔年要去收，又貼出白布，表示有喪，想說怎麼這麼「姑烙」，去年來就門關著，今年又遇到喪。

毛女士的回憶也可以看到在番大租制度上的變遷，邵族人收租的成效越來越差，土地也漸漸流失，她進一步說出了一個趣聞，內容說明一位邵族人用土地「購買」漢人所咳出的痰，其實暗喻了原本不會咳嗽，強壯的邵族漸漸變弱的過程，而土地也漸漸流失：

> 番仔怎麼這麼笨？愛吃粿又買痰，聽奶奶說的時候也是笑得很厲害。番仔身體好，不曾感冒，聽到平地人在咳嗽，就說你怎麼了？唱歌嗎？還是咳什麼音樂？那個人就說別吵，我已經咳得喘不過氣了，還問？還說你怎麼用的，跟你買好嗎？那個人說咳要怎麼買？用田跟你買好嗎？結果那個人就咳一口痰給他。

怎麼有人那麼笨？這個我媽媽也不曾說給我聽，我也不曾說給孩子聽。

毛女士在參與式製圖會議中，就 Google Earth 地圖指出了 tafwale（田頭）、kankwan（水裡）、katafatu（貓蘭）、pawan（沈鹿）等四個邵族的地名及地點，並要求我們團隊之後記錄下這幾個地名的故事：

以前我們這裡是邵族的村莊，沒有客人進來住，都是「番仔」，沒有幾個小孩子。我們不喜歡讀書，愛玩又要放牛，父母幫我們報名要我們去讀書，我們就去讀書。可是我們還是不喜歡讀書，所以上課的時候，老師在寫黑板，我們只要聽到鈴鐺聲就都跑去跳舞了，那時候才 10 歲、12 歲而已，等老師轉過身來的時候，怎麼學生都沒有半個了。我們就跑去躲起來，拿畚箕去「海仔邊」撈「苦甘仔」，老師找到海仔邊來叫我們趕快去讀書，我們就說：好，老師你先走。老師都會鼓勵我們，但我們仍不愛讀書。

毛女士回憶小時候住的邵族部落其實沒有甚麼漢人，大多是邵族人，只有到了 1945 年剛光復的時候，6 歲的毛女士因國民教育的實施而就讀小學時才體會到自己身為邵族人而被歧視的效應：

我們這裡沒有學校，我們就從「南邊湖仔」去頭社讀，父母親都讓我們包便當背在身上，到了頭社，那裡的孩子都說：番仔子都來了。我們就不敢進去學校，只好躲在旁邊。叫我們番仔子讓我們很不好意思，十幾個就在學校外逗留，開始上課了，有人說要回去，大家就往回走，沒有進去學校，跑到「阿乾溪」那邊挖刺

竹筍，便當吃一吃，下午四、五點再回去，爸爸媽媽看到了問：讀書回來了？我們就回答：是。沒有跟他們說我沒讀書。

毛女士幼年的時候（1945 年）到了頭社才發現，他們是漢人眼中所謂的「番人」（王玉婷，2002；陳叔倬，1997，2002），漸漸懷有被歧視的感覺，自然地在小孩之間會發生打架或口角，讓邵族的孩子很難安心上學，其實頭社亦稱為田頭社，邵語稱為Shtafari，文獻上記載該地在光緒年間由於漢人的大量入墾，原本屬於邵族領地的頭社盆地，因瘟疫肆虐，邵族人家移居於其南畔山下，日治初期又遷移至雨社山（亦稱雨傘山）下的大平林，即今水里鄉頂崁村之一部，而原有邵族的頭社從道光以後，則開始有漢人移入，及至日治時期，均變為漢人的村落，現屬魚池鄉頭社村（陳莉環，2003；陳聖昌，2001；劉枝萬，1951）。

毛女士認為，既然叫做頭社其實應該是邵族的領域，就讀小學時遭到歧視與排斥，大嘆邵族人的歷史境遇如此坎坷（陳板，1998）。她也認為連現今邵族的主要根據地是一部土地流失史，她特別指出族人為了讓邵族學童能夠就近讀書，「梧桐腳」一地的學校用地是邵族人出借給政府使用的，沒想到之後遷校，校地卻被政府賣給了財團，如今正在興建大飯店：

> 在梧桐腳的學堂，沒有建。梧桐腳有我們邵族的田，那時候就跟我媽媽去種番薯、土豆，很廣。現在那兒有一塊空地，舊學校那裡，我們的田在那裡，政府就說要建學校沒有地，想借田地蓋學校，以後學校如果找到地方遷走再還邵族，結果現在學校遷走好幾年了，那塊地就被政府賣掉了。那塊地是私（有）的，邵族的人都有分到，一人兩路，分到今天的停車場這邊，是日本時代分的，分給邵族人耕作的。

原來到了日據時期的昭和6年（1931年）6月，日方籌措了足夠資金後開始大興土木，將日月潭興建為高30.3公尺之水社壩及10.08公尺之頭社壩，提高日月潭的水位18.18公尺，邵族的祖先所開創的家園和耕地如珠仔嶼（lalu）、石印（su'in）、竹湖（Raus）等聚落，全部陷在水中（劉益昌、郭素秋、簡史朗，2003；鄧相揚，1999，2003）。

　　日人為了安頓邵族族人，昭和9年（1934年）將他們移居到卜吉社（即剝吉，barawbaw），即今之魚池鄉日月村（德化社），「每一丁口分配到兩分地以維生計，但卜吉社及其周圍土地亦為電力會社發展計畫中的用地，故邵族人在該地之房屋地基及耕種土地亦為電力會社所租予者。除若干山田外，大部分水田都是台灣電力會社的所有地，每年須向之納租穀，在這種情形下，卜吉社的邵族農戶是居於半佃農的地位」（鄧相揚、許木柱，2000；謝世忠、蘇裕玲，2004；謝佳君，2003）。

　　毛女士接著表示邵族的土地除了漢人侵吞的、被水淹沒的很難救回，但在現居地發生的種種侵吞，希望邵族文化發展協會能為族人出力爭取。筆者在邵族文化發展協會任職的兩年之間，也發現邵族普遍認為日人將邵族人集體移居於卜吉社建立了聚落，應該只允許邵族人在此居住，亦即是專屬邵族人的聚落，但臺灣光復後，大量漢人移入經商，漢人於此購地或租屋，造成不少土地紛爭，加上南投縣政府在此設立學校、山地文化中心，以及實施街地重劃，邵族人的最後居地亦漸流失。

　　毛女士也介紹高倉豐長老所收藏的一張收據（圖3-4），她說這就是土地不正義的開始，原本分配給邵族的地卻成為日本電力會社的土地，台電承接後，竟然要邵族人就房屋地水線內的面積計算使用租金。當初族人收到這張繳款單的時候，都很難理解，自己的地還要繳租金給台電，如果不補交也有可能被台電以拆屋還地之訴逼迫遷移。說到逼迫遷移，毛女士也介紹找朱阿花女士看先總統蔣中正頒發的一張住宅修建證書，再現了蔣公希望邵族部落的房子不得轉賣給非邵族人的「旨意」（見圖3-5）。

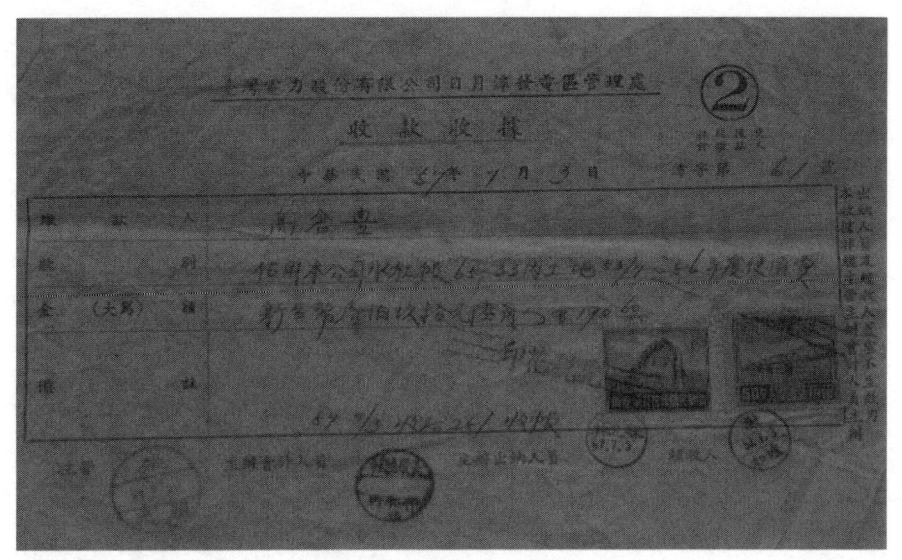

圖 3-4

1980年，為辦理土地清查及市地重劃籌備作業，對原來無土地所有權，僅有使用權的邵族承租人，由國有財產局向其追繳「現居地範圍」15年租金，無能力付租金者則被迫將地權轉讓（所有權屬國有財產局、台電公司或林務局）

第五節、我們從未繪圖過

　　說了這幾張圖的故事，毛女士問說這些土地流失的故事可以記錄成傳統領域的調查內容嗎？問到這裡，才發現其實邵族人從未製圖過，卻一直成為其他製圖者的內容物。她特別氣憤地表示最近邵族人屢屢抗爭所要爭取的一塊土地，就是陳進復家族掌管的一塊祭場用地，已經被政府拍賣給外人，而且也即將蓋成臨潭的一個大飯店，以後想必是生意興隆。而陳家卻只剩一小塊彈丸之地，很難發展。想到這個例子，毛女士說：

「土地都是給『人』用的，『番』都是撿剩的！」

　　在這句感嘆中，毛女士自稱「番」，其實，又再一次地把心中經歷過的不公平待遇化為漢番的界線。
　　筆者才發覺，我們從歷來執政者所繪的「地圖」來認識一個「地方」是一個偏執的開始，我們相信地圖上的資訊，其實也限制了我們對於在地

圖 3-5

邵族人普遍認為德化社的房屋是受到蔣總統的命令所保障

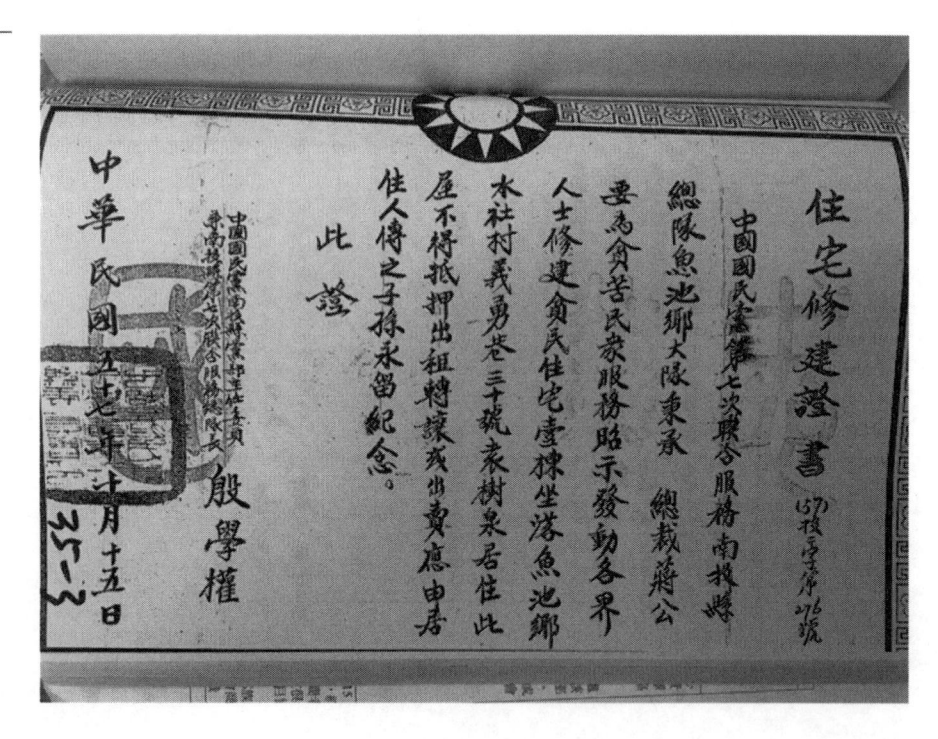

的想像,邵族人參與了這次繪圖的活動,首先能透過自己的心聲把歷史上林林總總土地流失的過程述說出來,並且與地理資訊系統還有專家學者形成一個組裝(assemblage),而讓一種關於述說傳統領域的情動(affect)能激活這一次的拼裝式繪圖。如果情動就是透過一種裝置而改變然後再聚集的狀況,筆者才發現這是邵族人第一次為自己繪圖,或者大家透過土地流失故事的述說來連接地圖以形成了一個邵族(a people to come)。

也因此,邵族人化作了地圖(becoming maps)。正如邵族學者石森櫻(2003)在其碩士論文〈市地重劃對於傳統祭祀空間的衝擊——以日月潭邵族聚落為例〉的摘要所言:「市地重劃事件是直接造成聚落脈絡變化及傳統祭祀空間消失的原因,而官方體制及原住民土地管理政策更是關係著資源分配的不公平。」在市地重劃後的邵族,儘管土地流失,但「邵族」卻於焉形成(也見李宜蓁,1999;劉秋月,2002;鄧相揚、許木柱,2000)。

第六節、結論

　　拉圖爾（Bruno Latour）認為，我們所處的這個社會，其實從未現代過（Latour, 1993）。他認為現代化的其中一個特點就在於將社會與自然進行了區分，現代人可以基於科學的準則，對過去的「非理性的」信仰和價值觀進行批判，這是現代化的核心所在，而這種區分就意味著科學與政治的明確分界，科學處理純粹的自然事物，而政治面對的是純粹的社會。

　　其實這樣的一種分界與功能學派所說的現代社會運作基於的分工體系密切相關，即將不同的問題置於不同的專業領域內進行分析，但拉圖爾提到，問題就在於，社會被視為一個大集體，所以被置於主觀的位置，而自然被放在客觀的一面，於是出現了這樣一種兩重的二分。

　　但事實是，社會和自然一直是糾纏在一起的，自然環境中的問題並不是純粹的自然，例如大氣污染，森林植被破壞，最終可能被引向社會政策的制訂和人類生存權益的問題之上，所以科學問題和社會問題是雜糅在一起的，他們的界限也並不存在，因此，現代性所基於的所謂的現實根源其實根本不存在，它是虛假的。所以拉圖爾才稱「我們從未現代過」。

　　拉圖爾的分析充滿哲學色彩，但這種「反思」給予我們一條新的思索現代社會的路徑，既然我們「從未現代過」是因為現代性所基於的主客二分的根基並不存在，那麼解決的方案也就在於從二者的中間地帶進行思考，也就是說，不脫離社會因素考慮自然和科學，而同時也認識到科學正是基於一個複雜且多樣的人類社會之中才得以進行。所以拉圖爾所呈現的關於現代性的反思使我們重新審視自然與社會的問題，也因此我們可以看到另外一位思想家德勒茲（Gilles Deleuze）（Deleuze & Guattari, 1987; Palmer, Frost, Martinez, & Venigalla, 2021）對於如地圖描繪這樣的工作所期待的是真正的「製圖」而不是「描圖」：

> *In drawing maps, the researcher works at the surface, creating possible realities by producing new articulations of disparate phenomena and connecting the exteriority of objects to whatever forces or directions seem potentially related to them. As such, maps exceed both individual and collective experiences of what seems 'naturally' real.*

〔在畫地圖時，製圖者在表面工作將原本不同的現象重新連接並將客體的外在與可能的力量或方向連接，如此地圖就超越個體或集體的經驗上而構成了自然的實在。〕

　　德勒茲的建議其實也是本文以上所舉的幾個對抗製圖的例子中的實踐精神，描圖只是透過繪圖者的意志線性地將所需要的訊息呈現為「地圖」，再現的其實是製圖者的意志，如開發者對於礦場、農業，資源或交通便利的路線，但這樣的再現卻是片面的，因為每個在地人心中的地方地圖就像是地下莖類的植物，如地瓜在地下橫向連接，每每一個新的分株既是頭也是尾，而難以分辨誰是先誰是後，新竹公道三的例子對抗的是徵收意志所可能抹滅的地方記憶與生存權利；臺北市三井的例子堅持的是歷史記憶的刻痕，不容由交通便利的價值所取代，而邵族的例子則顯示在地的意見幾乎都是用低吟的方式被邊緣化，本文透過個體歷史記憶追蹤深描毛女士的觀點，發現她透過 Google Earth 的比例收放的地圖漸漸回想起許多地理的記憶，從小到大，她經歷的是土地的流失過程與許多的不解，她疑惑小時候她放牛的地方是部落共同所有的牧場，為何變成某政黨的財產，並問筆者知不知道原因，可以調查嗎？她也一邊吟唱著牧童放牛的古調：Hasulan, aluminqan⋯

　　應該是輕鬆愉快，但卻必須愁眉深鎖，因此「地圖」其實是一段段的悲傷與不義的地景，筆者作為一個地圖繪製的中間人，發覺德勒茲所說的，製圖者在表面工作將原本不同的現象重新連接並將客體的外在與可能的力量或方向連接，如此地圖就超越個體或集體的經驗上而構成了自然的

實在，才是我們關注「地理」的人們所應努力的方向，就好像有人說真正的地圖是1：1的，似乎這個理想透過參與式地圖以及資訊科技的幫助，漸漸實踐，使得對抗性地圖的坎坷可以緩解許多。

參考文獻

Deleuze, G., & Guattari, F. (1987). *A thousand plateaus: Capitalism and schizophrenia* (Massumi, B., Trans.). Minneapolis, MN: University of Minnesota.

Halder, S., & Michel, B. (2018). Editorial—This is not an atlas. In kollektiv orangotango+ (Ed.), *This is not an atlas: A global collection of counter-cartographies* (pp. 12-25). Bielefeld, Germany: transcript Verlag. doi:10.1515/9783839445198-001

Latour, B. (1993). *We have never been modern.* Cambridge, MA: Harvard University Press.

Palmer, M. H., Frost, S., Martinez, G., & Venigalla, L. (2021). Art and argument: Indigitization of a Kiowa historical map for teaching and research. *ISPRS International Journal of Geo-Information, 10*(11), 746. doi:10.3390/ijgi10110746

Tobias, T. N. (2000). *Chief Kerry's moose: A guidebook to land use and occupancy mapping, research design, and data collection.* Vancouver, Canada: Union of BC Indian Chiefs; Vancouver, Canada: Ecotrust Canada.

Tsai, B.-W., Chang, C.-Y., Lin, C.-C., & Lo, Y.-C. (2006). Public participation geographic information system and indigenous society: New partnership of indigenous peoples in Taiwan. *Geography Research Forum, 26*, 152-163.

Usher, P. J., Tough, F. J., & Galois, R. M. (1992). Reclaiming the land: Aboriginal title, treaty rights and land claims in Canada. *Applied Geography, 12*(2), 109-132. doi:10.1016/0143-6228(92)90002-5

王玉婷（2002）。**拜公媽 —— 邵族家庭的通婚與繼嗣的民族學意義**（未出版之碩士論文）。國立政治大學民族學研究所，臺北市。

石森櫻（2003）。**市地重劃對於傳統祭祀空間的衝擊 —— 以日月潭邵族聚落為例**（未出版之碩士論文）。淡江大學建築學系碩士班，臺北縣。

李宜蓁（1999）。**日月神教重出江湖 —— 邵族災後重建與族群認同的相互辯證**（未出版之碩士論文）。國立臺灣大學新聞研究所，臺北市。

林燕婕（2019）。邵族土地悲歌 —— 由向山旅館BOT案探究土地諮商同意權之實踐。**土地問題研究季刊**，18（4），85-93。

翁聿煌、鄭名翔、黃明堂、李容萍、歐素美、楊綿傑（2018，12月6日）。**烏來同被公告傳統領域　原漢和諧溝通**。自由時報。資料引自 https://news.ltn.com.tw/news/life/paper/1251972

國立臺灣大學考古人類學刊編輯委員會（1958）。**日月潭邵族調查報告**。臺北市：國立臺灣大學出版委員會。

陳永龍（2002）。**重讀水沙連：從水域文化之保育理述邵族生存抗爭**（未出版之博士論文）。國立臺灣大學建築與城鄉研究所，臺北市。

陳板（主編）（1998）。**大家來寫村史：民眾參與式社區史操作手冊**。南投縣：臺灣省文化處。

陳叔倬（1997）。由遺傳指標觀察臺灣人和原住民間的類緣關係。收錄於施正鋒（編），**族群政治與政策**（頁303-320）。臺北市：前衛。

陳叔倬（2002）。生物人類學在族群分類的角色 —— 以邵族正名為例。**國立臺灣大學考古人類學刊**，59，90-115。

陳怡萱（2020）。**探討開發行為對伊達邵部落的社會影響**（未出版之碩士論文）。國立成功大學都市計畫學系，臺南市。

陳莉環（2003）。**邵族口傳文學研究**（未出版之碩士論文）。國立中正大學中國文學研究所，嘉義縣。

陳聖昌（2001）。**日月潭邵族土地權力變遷下領域空間衝突與矛盾之研究**（未出版之碩士論文）。國立臺灣大學建築與城鄉研究所，臺北市。

張菼（1976）。論日月潭的得名時代兼及其諸異名。**臺灣文獻**，27（4），23-40。

黎育如、邱姵慈（2016，4月5日）。**【城市眷念】三井倉庫遷不遷？西區門戶計畫與文化保存的衝突**。資料引自 https://letsnews.thisistap.com/958/%E3%80%90%E5%9F%8E%E5%B8%82%E7%9C%B7%E6%88%80%E3%80%91%E4%B8%89%E4%BA%95%E5%80%89%E5%BA%AB%E9%81%B7%E4%B8%8D%E9%81%B7%EF%BC%9F%E8%A5%BF%E5%8D%80%E9%96%80%E6%88%B6%E8%A8%88%E5%8A%83%E8%88%87%E6%96%87/

劉枝萬（1951）。**臺灣日月潭史話**。南投縣：作者。

劉秋月（2002）。**從行銷傳播觀點檢視邵族正名過程之策略運用**（未出版之碩士論文）。國立臺灣師範大學大眾傳播研究所，臺北市。

劉益昌、郭素秋、簡史朗（2003）。九二一震災後Lalu遺址發掘及其意義。收錄於林美容、丁仁傑、詹素娟（編），**災難與重建：九二一震災與社會文化重建論文集**（頁405-436）。臺北市：中央研究院臺灣史研究所籌備處。

鄧相揚（1999，3月）。**水沙連地區的拓墾與邵族的處境**。論文發表於契約文書與社會生活：臺灣與華南社會（1600–1900）研討會，臺北市。

鄧相揚（2003，9月）。**邵族ulalaluwan正名之芻議**。論文發表於族群意識與文化認同：平埔族群與臺灣社會大型研討會，臺北市。

鄧相揚、許木柱（2000）。**臺灣原住民史——邵族史篇**。南投縣：臺灣省文獻委員會。

謝世忠、蘇裕玲（2004）。傳統、出演、與外資——日月潭德化社邵族豐年節慶的社會文化複象。收錄於謝世忠（著），**族群人類學的宏觀探索：臺灣原住民論集**（頁193-217）。臺北市：國立臺灣大學出版中心。

謝佳君（2003）。**原住民與觀光客之利益交換影響因素之探討——以日月潭國家風景區之邵族為例**（未出版之碩士論文）。靜宜大學觀光事業

學系研究所,臺中縣。

鍾麗娜(2019)。從邵族的困局探究原住民族傳統領域爭議之結構性問題。**土地問題研究季刊**,18(2),26-37。

簡史朗(2005)。**水沙連眉社古文書研究專輯**。南投縣:南投縣政府文化局。

簡史朗(2006)。mintháwyaminshpút?(做番抑是做人?)——**邵族的祭祀體系與民族邊界**(未出版之碩士論文)。國立政治大學民族研究所,臺北市。

簡史朗、曾品滄(2002)。**水沙連埔社古文書選輯**。臺北縣:國史館。

Chapter 4
自發性地理資訊——

　　2010 年 1 月 12 日傍晚，加勒比海北方大安地列斯群島上的島國「海地」，在其首都太子港西南方約 25 公里處，發生芮氏規模 7.0 以上的大地震，剎那間造成太子港與鄰近城鎮大半建築物倒塌，22 萬人死亡，百萬人無家可歸，就連在當地的聯合國維和部隊也損失慘重。由於海地相關環境及空間資訊付之闕如，多國救援部隊無法及時掌握災情，也無法按圖索驥到達受災嚴重的地區。為了改善此一現象，全球的自願工作者開始動員，於地震一開始，Ushahidi 網站平台即提供簡易地圖及表格，讓當地群眾說明目擊的事故，記錄城鎮位置、日期跟時間，使救援者知道各地的受災狀況，另外開放街圖（OpenStreetMap, OSM）平台也動員全球協作者，在衛星影像上判釋及繪製道路與倒塌的房子，在二至三天內完成了太子港周遭的基本圖資，讓救援得以順利進行。群眾的力量的展現，不論是災損還是基礎的圖資，都能在短時間將一地的地理資訊完整地呈現出來，也讓自發性地理資訊（volunteered geographic information, VGI）的概念一舉成為矚目的焦點，除了是獲取地理資料的一種新取徑外，也是即時空間資訊建立的法門。後續在尼泊爾地震、肯亞選舉及缺乏官方即時資料的地區，都可以見到群眾力量的展現。

　　Goodchild（2007）以 VGI 一詞來說明這些由群眾創建的地理資訊，他認為人們透過 Web 平台來創建、收集和傳播個人自願性提供的地理資訊與日俱增，像是描述地方的 Wikimapia、標記照片位置的 Flickr，或前述提及的 OSM，都讓群眾得以自發性地貢獻出描述空間的地理資料。迄今，透過群眾貢獻的 VGI 已經成為取得地理資料的重要方式，尤其在緊急製圖（crisis mapping）或是公民科學（citizen science）方面，群眾自發性地協

助，讓資料的即時性遠勝於政府資料的生產速度。此外，隨著群眾日常生活中使用社群媒體日益頻繁，其中直接呈現或隱含於文字中的空間資料，也是VGI資料的一環，讓VGI資料數量更為龐大且內容更為多元。Turner（2006）曾以新地理學（neogeography）一詞來說明這些非地理資訊系統（geographic information system, GIS）專業的普羅大眾，利用網路平台，生產或分享個人化空間資訊內容的現象，認為新地理學是探究關於個人與地方之間的互動，而VGI則是新地理學中重要的資訊來源，也成為空間資料取得的新取徑。由於GIS應用已經融入生活的各個層面，欲探究公民地理資訊對當代社會及地方的影響，實有必要瞭解VGI資料的發展背景、種類、取得及應用方式等，亦必須進一步瞭解由群眾所創建的VGI資料品質、應用限制與隱私權問題。

第一節、VGI的發展

　　VGI的蓬勃發展並不是一蹴而就的現象，其與網路、硬體及社會發展的變化有一定的關係。瞭解VGI與科技技術及硬體發展關係，以及其促進使用者願意貢獻空間資料的背景，可以藉此掌握不同技術脈絡發展而來的資料異同。

一、Web 2.0 與 GeoWeb

　　Mosaic瀏覽器於1993年正式推出，使得混合圖片及文字的全球資訊網開始引起大眾的注意，到了1996年，每個公司或個人擁有一個圖文並茂網站形成當時的潮流，人們發覺這種低成本能夠在短時間內將訊息提供給廣大使用者的技術，改變了過去資訊傳播的方式，能將使用者透過網路連接起來，霎時間各種電子商務網站蓬勃發展，搜尋資訊的入口網站也如雨後春筍般呈現在世人眼前。此時網路上的資訊傳遞，多半是單向式的提

供方式，也就是公司或個人建立網站，使用者接受網站的資訊，鮮少能夠具有互動資訊的提供。或許是這樣單向資訊提供方式，缺乏資訊的即時性、豐富性與互動性，最終網路的益處不如大眾所期待，導致泡沫化。然而 2004 年後，Web 2.0 的出現，改變了前段時間網路資訊的提供方式，讓網路的應用成為我們現在日常生活的必需品。Web 2.0 並不是一個網際網路協定標準，而是用來描述網路走入互動與分享的新一代的代名詞。如果在 Web 2.0 出現之前的網路使用為 Web 1.0，那麼 Web 1.0 時代是以內容瀏覽為目的，Web 2.0 則是以關係建立為目的。因此 Web 2.0 一詞並非單獨描述一種網路技術，而是一系列具有交換、分享、交流相關網路技術的統稱。例如 Wiki、個人部落格、社群媒體等等都屬於 Web 2.0 的網路應用範疇。這些 Web 2.0 的模式，多半具有軟體即服務（software as a service, SaaS）、參與協作（participation-collaboration）、混搭（mashup）、豐富使用者經驗（rich user experience）等功能，讓網路成為大眾可以分享、參與與協作的平台，深入日常生活。

　　透過 Web 2.0 的相關技術，使用者在網站上分享各式資訊，這些「使用者生成內容」（user-generated content, UGC）成為了智慧手機（smartphone）普及前，最主要的 VGI 生產來源，尤其是在網路上貢獻具有空間性的地理資料，例如提供地址或是標註照片的拍攝地點。OSM 作為早期 Web 2.0 網站中，進行全世界地圖及空間資料收集的平台，目的是仿 Wiki 架構讓使用者可以貢獻與編輯空間資訊，成為 VGI 中重要的典範。然而，讓使用者開始貢獻大量空間資料，則是與 Google Maps 開放應用程式介面（application programming interface, API）服務的發布與個人手機定位功能的使用有關。Google Maps 採用 Asynchronous JavaScript and XML（AJAX）網頁技術，實現即時反應的動態效果，在 2005 年後向世界各地提供電子地圖服務後，迅速吸引許多使用者將地圖服務作為網站基礎元件之一。在 Google Maps 之前，並非沒有網路地圖，而是當時的網路地圖建構在技術層次較低的網路服務協定上，每次平移地圖都須重新加

載地圖圖像，候時過久，不易吸引使用者。Google Maps推出後，Zoom in/out於拖移地圖時，快速的回饋反應，令使用者驚艷，增加使用者使用網路地圖的可能性。許多網站混搭Google Maps的服務及加入空間資訊的應用，讓使用者便於貢獻具有空間性的資料。最早混搭Google Maps的網站Housingmaps.com在2005年出現，是將Craigslist網站中由民眾上傳代租售的房屋物件列表，整合Google Maps API服務，將傳統列表式的物件可以以地圖方式呈現，成功吸引許多網路使用者的目光。當使用者可以透過Google Maps看到想要租售的房子外觀、社區的影像，無須自己搜索地圖或下載及拼貼衛星影像，賦予用文字、表單呈現事物另一個空間性維度，更能成功地從空間的角度搜尋合適的物件。另一方面，由於網站設計者能夠輕鬆地混搭地圖服務在自己架設的Web 2.0網站中，無須用到複雜的WebGIS建置過程，使得可提供地理繪圖或地理空間服務（geospatial service）的GeoWeb網站，如同雨後春筍般地蓬勃發展（Sui, 2005）。有別於早期的Web-based GIS，這些混合性的GeoWeb不僅提供GIS基本的功能，也提供了使用者進行分享與討論的功能，進而促進了VGI資訊的大量生產，造成GIS成為一種新的媒體傳播介面（GIS as media）（Sui & Goodchild, 2011）。

二、智慧手機

另一個VGI普及的重要因素為定位裝置的隨身化，尤其具有定位功能的手機帶來的影響。當人們在旅途中可以在智慧手機上瀏覽Google Maps或其他網際網路電子地圖時，地圖會透過定位功能標示出使用者的位置，使用者不再有找不到自己位置的負擔。推動地圖使用的普及化，也直接促進民眾的空間覺醒（spatial awareness）。民眾對於具有空間性的現象充滿好奇與分享的慾望，再加上行動應用程式（mobile application, App）的推波助瀾之下，VGI資訊開始大量生產。例如2009年著名的社群軟體

Foursquare，在全球100個都會區推出打卡（check-in）的應用，讓使用者透過手機定位進行「打卡」，替所在的餐廳、地點進行評分，透過遊戲與獎勵的方式，促進民眾打卡與使用，貢獻出大量具有空間性的資料。2010年後，許多社群媒體，如Twitter、Facebook等都具備有打卡的功能，讓使用者標註位置，促進這些UGC具備空間性，擴大VGI資料的來源。此外，手機設備在拍攝照片時，將座標直接寫入照片的exchangeable image file format（EXIF）中，當照片上傳到照片網站（如Flickr或Picasa）或社群媒體時，自動帶入空間位置，便於生產地理標籤（geotagged），也使得群眾透過手機鏡頭拍攝的照片附帶了空間的特性。

智慧手機的發展，讓使用者不需要具備太多地圖閱讀技巧或專業知識，也就是使用者不需要具有在網路地圖上尋找自身所在地點的能力，即可直接透過行動裝置的定位，選擇系統帶入使用者所在地鄰近的地點興趣點（point of interest, POI）或自創一個新的POI，讓民眾跟陌生地區的互動比起以往更有效率，同時也可利用地理標籤將地點的文字、影像及位置進行分享，這簡易的操作程序，更加降低了地圖文盲（map illiteracy）分享空間資訊與知識的障礙。

網站技術、智慧手機與相關科技的發展，提供群眾生產大量空間資訊的便捷方式，不僅是降低使用空間資訊的障礙，亦是促進民眾的空間覺醒，例如異地旅遊時，民眾會打開電子地圖，看看怎麼走是最近的路線？看看目的地周圍有什麼POI？評價為何？也會把旅遊的照片放上社群媒體，替當地的餐廳進行評價。每一個民眾，不僅只是VGI的生產者，也成為VGI的使用者，民眾個人與群眾及地方產生互動關係。

第二節、VGI的類別

在科技的進展下，VGI成為獲取空間資料的新取徑，過去空間資料主

要是由政府與專業機構生產，資料生產的目的與政府政策執行的適用性有關，空間資料的生產需透過層層的工作流程，甚至連災害發生後的災情調查也是以各災區回報的方式進行彙整，此種生產空間資料的模式缺乏時效性，許多空間資料被發布時均已過時許久。相較於由未經過專業訓練民眾生產的VGI，其時效性比起政府部門的資料即時且快速，例如在海地地震與日本地震災害，均可見到民眾快速地生產大量的空間資料（Sui & Goodchild, 2011; Zook, Graham, Shelton, & Gorman, 2010）。VGI能夠大量且即時的生產，回應著前述資通訊技術與設備的發展，Web 2.0互動式的網路、便利的智慧手機、更快速的網路通訊，以及雲端的儲存計算，都使得人們得以快速記錄與分享資訊，更重要的是這些由群眾建立VGI，隨著人類的分布與移動，覆蓋到地球上的每個角落。Goodchild（2007）認為具有這些資料蒐集、發布能力的公民，就如同感測器一樣，無時無刻收集且發布地理資訊。

這些由公民驅動（citizen-driven）的空間資料收集，正在改變傳統地圖製作的資訊來源，以及使用空間資訊的權力。OSM是透過公民生產空間資訊的VGI典型範例，OSM提倡地理資訊自由，認為地理資訊應提供給所有人使用及分享。早期OSM的地圖資料由志願者使用全球定位系統（Global Positioning System, GPS）的軌跡紀錄或其他裝置，在實地移動中記錄取得，而後隨著衛星影像的開放，也開始運用衛星影像進行圖面資訊的繪製。民眾透過OSM的地圖編輯器，自願者可以依靠對當地知識的瞭解進行資料建置與編修，透過群眾的努力，地圖資料的品質具有一定的水準，如今採用OSM地圖服務的使用者日益增加，說明由民眾所貢獻OSM空間資訊的正確性被普遍的認可。然而，VGI不僅是基於地圖服務的資料建立方式，還包括了更多元的資料來源，例如來自公民協作的生態監測、天氣監測等，或者社群媒體的打卡資訊、評論及照片位置，不同來源的VGI資訊隱含著資料的不確定性。具有較多規範且為受過訓練的志工收集的VGI，因依循著空間資料生產的規範，勢必比社群媒體或其他App生產

的VGI，資料品質更佳；另一方面，清楚資料收集目的或受過訓練的志工，也會比群眾在收集資料時，更注意資料品質的問題。因此，參酌See等（2017），可以依據VGI資料生產時是否屬於框架資料（framework data），以及資料收集是屬於主動還是被動的，兩個維度來進行分類。

　　框架資料是使用地理資訊系統的基礎資料，例如路網、行政界線或是數值地形模型等，是分析與展示的基底，通常是政府或機構所收集的資料，資料收集過程依循著一定資料生產的標準，並且由專業人士所進行。框架資料通常包括幾個主題：大地測量控制、正射影像、高程、交通、水文和地籍等，用以呈現相對靜態的地理現象，通常用於行政、路徑、地理定位、地理標記和其他廣泛使用的空間服務，早期一直是政府數據生產的傳統核心，內容錯誤率低，但是更新時間較長（Elwood, Goodchild, & Sui, 2012），例如，逐年分批更新的國土地理資訊系統中通用版電子地圖。目前大部分主要的框架資料主題，仍由政府投入大量經費進行維護，例如大地測量控制、精準度高的高程資料等，但部分則可以由公民來取得，例如OSM的地圖、水文、路徑等。因為框架資料作為空間資料的基底，不論是政府或機構生產的，還是公民生產的VGI，框架資料都有基礎性與正確性的資料特徵，因此以VGI資料收集主題是否為對應框架資料可作為分類的標準之一。

　　第二個分類標準是依據VGI生產目的而分，自願者參與某一專案而主動進行，抑或是單純生產VGI資料後再被延伸使用的被動進行方式。也就是說VGI資料生產前，依據自願者是否知情這些資料被使用的方式，將VGI資料分為顯性與隱性（Craglia, Ostermann, & Spinsanti, 2012）。主動（顯性）資料通常是民眾主動參與的活動，或者民眾在充分瞭解貢獻資料的目的，依循網站或是App設計的資料內容進行填寫或繪製，例如OSM或生態調查相關應用；在被動（隱性）模式下的資料收集，民眾可能會自發性地提供空間相關的訊息，例如透過社群媒體打卡或標註照片位置等，這些訊息多半基於商業公司對使用者行為研究或營銷目的而收集，民眾通

常沒有詳細閱讀使用軟體的條款,抑或者沒有意識到使用軟體的行為會讓自己貢獻出空間資料。主動與被動兩種不同類型對VGI的影響,在於主動性的VGI資料品質較優,更容易處理,因為是出自於特定目的而收集,存在著某種程度資料生產的標準,使用者會意識到資料生產必須滿足資料標準的限制。被動性的VGI,資料生產的標準較少或寬鬆,例如社群軟體具有地理標註的推文、照片等,被動性的VGI就複雜性而言,遠大於主動性的VGI,因此在資料應用前可能需要較多的資料處理步驟。

依照框架與非框架資料、主動與被動性,可以將VGI分為四個類型(圖4-1):一、主動性的框架資料,框架資料可以從民眾主動參與、生產的VGI取得;二、被動性的框架資料,VGI並非由民眾主動進行收集,而是手中的移動裝置,自動發送定位;三、主動性的非框架資料,民眾積極參與VGI的收集,所生產的VGI容易使用在科學研究活動上;四、被動性的非框架資料,VGI生產後的延伸使用並非民眾主要的目的。

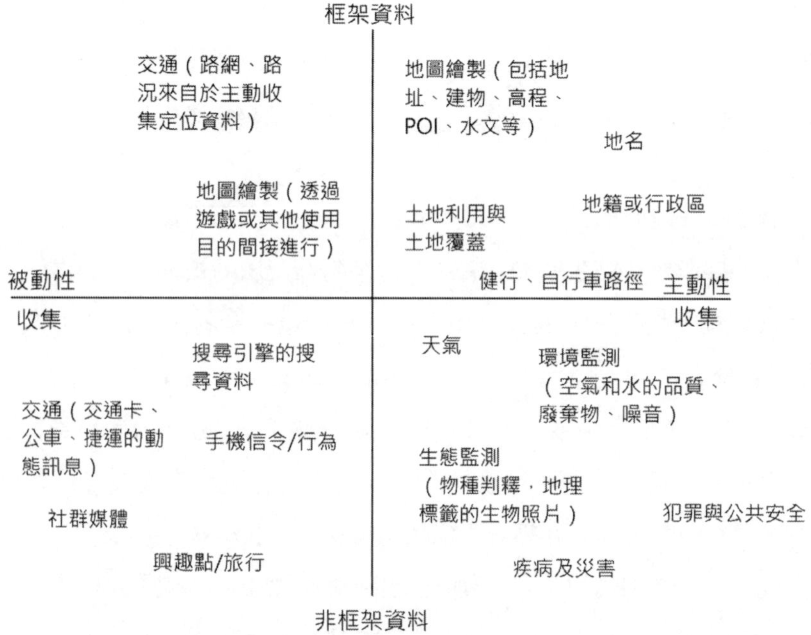

圖 4-1

VGI 的分類（修改自 See et al., 2017）

	框架資料	
交通（路網、路況來自於主動收集定位資料）	地圖繪製（包括地址、建物、高程、POI、水文等）	
		地名
地圖繪製（透過遊戲或其他使用目的間接進行）	土地利用與土地覆蓋	地籍或行政區
被動性收集		健行、自行車路徑 **主動性收集**
	天氣	環境監測（空氣和水的品質、廢棄物、噪音）
搜尋引擎的搜尋資料		
交通（交通卡、公車、捷運的動態訊息）	手機信令/行為	生態監測（物種判釋,地理標籤的生物照片）
社群媒體		犯罪與公共安全
興趣點/旅行	疾病及災害	
	非框架資料	

一、主動性的框架資料

在那個開放資料概念還沒盛行的時代裡，使用GIS時僅能取得政府或機構建立的基礎資料，這些基礎資料的取得常受限於政府的資料提供規定，或者就是要收費。OSM的創立就是為了讓民眾可以自由地使用與創立基礎資料，也就是由民眾主動性地建立街道及地標的框架資料。在主動性的框架資料類型中，OSM是VGI中最成功也是最常被引用的範例，它涵蓋地圖生產中大部分的空間資料類型。自願者生產資料前，大多受到一定程度的基礎訓練，且資料生產後具有檢核與更新機制，因此資料品質優良，成為商用網路電子地圖外，另一個電子地圖的主要選擇。鑑於OSM群眾力量的成功，Google Maps 早期也提供Google Map Maker的功能，試圖用眾包的方式生產新的地圖資料，或者校正地圖的錯誤。目前此功能已經整合入Google Maps中，可以針對位置、地點、道路或屬性資料進行編修，並經由社群檢核後更新。

地名也是框架資料常見的主題之一，例如歐盟的Infrastructure for Spatial Information in Europe（INSPIRE）與臺灣的 National Spatial Data Infrastructure（NSDI）都有建立地名基礎資料庫。Wikimapia是地名錄（gazetteer）最有名的應用，其運用Google Maps API的地圖或衛星影像圖資，讓民眾可以選擇一個範圍，創建 Wikimapia 圖層來標註地名標籤等，如同維基百科一般，採用眾包方式產生地方描述資訊。此外，收集全球地名的GeoNames，除了彙整政府部門提供的地名外，也讓自願者協助編輯、新增或修改地名點。臺灣的地名資訊服務網，雖有提供民眾參與地名編修工作，但並無提供圖台編修功能，僅提供表單讓民眾填寫建議後再開會討論修訂。

在臺灣，關於地籍與行政界線屬於政府部門生產的空間資料，VGI的應用較少，然而在發展中國家中，VGI的應用就非常廣泛。由於地籍涉及到土地權屬，資料正確性與品質要求較高，大多數國家都由專業測量人員

繪製與更新地籍，然而在Enemark（2013）研究中曾表示發展中國家的土地權屬紀錄不到30%，導致土地掠奪與糾紛頻仍。像非洲的肯亞地區，土地權屬複雜且更新緩慢，在專業人員不足的情況下，常有土地權衝突相關問題產生，在使用社區地籍VGI後，可作為土地權裁決的參考，亦可直接作為正式地籍資料（Siriba & Dalyot, 2017）。地籍與行政界線的VGI受利於OSM與高解析度衛星影像，讓自願者可使用手持GPS描繪自己所屬的土地坵塊範圍，Basiouka與Potsiou（2012）在希臘小島上的研究中，證明非專業的VGI量測的面積誤差也能符合希臘地籍規定。Cadasta基金會在網路上大規模收集地籍VGI，該基金會除了提供地籍調查平台外，也提供手持裝置使用的GeoODK開源軟體，讓在非洲、南美洲及南亞等國，都能以自願的方式生產地籍或行政界線的VGI。

在土地利用調查方面，Geo-Wiki是一項由科學機構主導，透過自願者進行不同主題的土地利用及覆蓋變化偵測的專案，有別於全球或區域大範圍的以自動分類演算法建立的土地利用變遷資料，Geo-Wiki透過Google、Bing或其他影像來源，讓自願者使用App收集土地利用資訊，協助進行土地坵塊的編修與屬性的編輯，藉以增加土地利用變遷的更新頻率，且來自現場的驗證對於自動分類演算法的校正具有重要的價值（Fritz et al., 2013）。另一個較早期的相似例子是以Web介面收集土地覆蓋的Virtual Interpretation of Earth Web-Interface Tool（VIEW-IT）（Clark & Aide, 2011）。

另一個主動性VGI的框架資料是健行或自行車的路徑軌跡。由自願者所生產的路徑軌跡，在這個分類架構中存在一點模糊性的，它也可能被分類成為主動性的非框架資料。路徑資料在不同的國家或地區中，可以作為基礎圖資的一部份，亦可對基礎圖資中的道路資料進行校正，例如英國地形測量局（Ordnance Survey, OS）讓自願者利用路徑App時，能夠回報路徑的錯誤資訊，藉以更新路徑相關資訊（Olteanu-Raimond et al., 2017）。生產路徑的VGI應用相當的多，例如Bikemap讓全球使用者分享自行車路

徑、AllTrail讓使用者記錄旅行路徑及照片，在臺灣則有健行筆記可提供健行者上傳及下載路徑的GPX檔。

二、被動性的框架資料

　　Google Maps路況資訊是耳熟能詳的被動性資料，藉由Google Maps應用程式讀取手機定位資訊並匿名向Google發送，使得Google得以根據定位資訊進行分析並向使用者推送路況資料（Barth, 2009），後續TomTom、Here也有相同的功能。導航軟體背後蒐集的定位資料，不僅用在路況上，也可以被用來更新與調整路網資料。臺灣由於路網資料詳盡，較少透過被動式蒐集使用者移動紀錄來調整路網，然而在範圍較大、人口稀少的俄羅斯，或者非洲部分國家，政府在偏遠地區的基礎圖資建置不全，廠商會利用收集使用者的路徑進行路網的更新或調整。不僅如此，Uber、Grab等公司也會從使用者的移動中取得交通與POI的相關訊息。這些非自願者主動提供的VGI用來增進與交通相關的議題，不僅是民眾日常生活必須的，也成為政府改善交通的重要資訊來源。

　　另一種有趣的作法是透過遊戲介面被動性地更新地圖內容。例如早期的Google Ingress遊戲，是一項定位功能的實境遊戲，遊戲內容與真實世界整合，透過奪取與實際地標關聯的能量塔來競爭，遊戲進行過程巧妙地進行圖資更新，為此，部分學者還提出安全警告，認為這種隱藏且被動的VGI容易成為國家安全的隱憂（Kabernik, 2013）。

三、主動性的非框架資料

　　與基礎圖資的框架資料相比，主動性的非框架資料更加蓬勃發展與多元，不僅大量應用在公民科學領域，也涵蓋日常生活。臺灣熟知的「臺灣動物路死觀察網」俗稱「路殺社」，就是一個以公民協助政府（特有生物保育中心）調查路上死亡動物並上傳的生態監測VGI。在主動性的分類裡，

民眾清楚知道資料生產目的，甚至會協助進行相關研究。生態監測中，最知名的例子就是eBird，這個由康乃爾大學的鳥類學實驗室和奧杜邦學會在2002年推出的應用，目的是收集不同時間地點的鳥類品種與分布資料，起初僅在美洲大陸運行，2010年後拓展到全世界。使用者透過網站及App，可以上傳鳥類的目擊紀錄，並與其他人分享。利用App的地圖及定位功能，可以就近找尋賞鳥點或鄰近的鳥類情報。目前已累積數億筆的鳥類分布資料，並成為「全球生物多樣性資訊機構」（Global Biodiversity Information Facility, GBIF）中的鳥類分布資料重要來源。這個以賞鳥愛好者作為鳥類分布的調查者的應用，讓賞鳥者像是玩寶可夢似地，可以記錄自己生涯目擊的鳥類，並且贏得排名。賞鳥者可以透過地點清單選填或從地圖標註地點，也可直接輸入經緯度，上傳拍攝時間及賞鳥的方式。另一個與eBird相似，同樣以觀察生物為主，對GBIF也有重要貢獻的應用是iNaturalist，它的發展起源於2008年加州大學柏克萊分校資訊學院三個碩士生的期末專題，而後轉變成為加州科學院與國家地理學會維護與倡議的應用，現今成為全球各地人們發現、記錄並分享身邊物種資訊的重要應用。與eBird不同，不局限於鳥類的鑑別，包括所有動植物的鑑別，使用者也不需要擁有很好生物的鑑別能力，2017年後運用自動化物種辨識的工具，從使用者上傳的動植物照片中，自動分辨出可能的物種，亦可由專家學者或協作者協助辨識。到2021年7月全球四百多萬使用者已經協助建立33萬種以上的物種的照片紀錄，臺灣也已經有85萬餘筆的觀測紀錄，觀測到約1.6萬的物種，以及有近八千位的鑑定者及超過2.2萬位的觀察者。

在天氣VGI方面，由於政府氣象單位設立的氣象觀測站無法遍及各地，導致天氣預報或紀錄失準。在1890年美國有自願者觀察天氣並回報的組織，這個由美國國家氣象局執行的「合作觀測者」（Cooperative Observer Program, COOP）是一個由超過8,700名天氣觀測自願者協助報告天氣狀況的觀察網絡，已經執行超過百年，近年來更推行「公民天氣觀察員計畫」（Citizen Weather Observer Program, CWOP），讓民眾的個人

氣象站，透過網路上傳天氣觀測資料與全世界分享。在北美洲及巴拿馬，Community Collaborative Rain, Hail and Snow Network（CoCoRaHS）也是一個重要的天氣觀測自願者網絡，參與人數更是超過一萬多人，時時刻刻回報社區的天氣基礎資料（Doesken & Reges, 2010）。這些由公民生產關於天氣的VGI，在協助小區域的天氣狀況發布上做出不少的貢獻。

與天氣觀察相近的是環境監測方面，民眾積極協助環境品質相關的監測，例如臺灣的「環境感測器網路系統」就是由民眾架設簡易環境監測器並分享在網路上，空氣盒子就是最著名的應用。個人架設的空氣盒子，將觀測的PM2.5數值上傳，共同提供細緻的空氣品質即時狀況。另外，水相關的監測，有許多國家均依循社區水資源監測倡議（Community-Based Water Monitoring, CBWM）建立社區志願者水質監測網絡，推動社區民眾進行水質的調查與資料分享，例如美國奧本大學的全球水觀測（Global Water Watch）在全球十幾個國家推行水質監測。在環境監測方面，由政府機關或科學單位與社區公民合作的計畫相當地多，環境監測VGI儼然成為環境監測的重要資料來源。

在犯罪與公共安全方面，早期仿效維基百科式的WikiCrime，提供社區民眾回報與協作犯罪事件的紀錄。紐約當地的Citizen應用程式，提供社區安全警報，並供民眾上傳自身附近的事件，且允許直播正在發生的現場狀況，免費提供給新聞媒體使用。

最後一個常見的應用是與疾病與災害相關的。OSM的HOT團隊（Humanitarian OpenStreetMap Team）在災害發生時，提供基礎地圖資料並協助標註災情資訊，例如海地、尼泊爾地震、菲律賓海燕風災等，都能看見該團隊協力合作的資訊。2009年8月臺灣莫拉克風災期間的災情地圖，也是民眾協力合作提供災情資訊的應用，當初是由臺灣最大的BBS站透過網路號召，組織「PTT鄉民救災團」，利用PTT、噗浪（Plurk）、臉書（Facebook）等社群媒體，建立快速且即時的災情回報系統，並利用Google Maps搭建了災情地圖。在2019年開始的嚴重特殊傳染性肺炎

（coronavirus disease 2019, COVID-19）疫情中，哈佛醫學院及波士頓兒童醫院發展Outbreaks Near Me，讓公民匿名貢獻自己的健康狀況，並且可以查看社區其他人是否回報COVID-19的症狀，提供早期的傳染病預警訊號，並幫助美國疾病管制與預防中心（Centers for Disease Control and Prevention, CDC）及當地公衛機構分析潛在爆發感染的地方。

主動性的非框架VGI資料，大多屬於地理公民科學領域。這個領域涉及科學家的專業科學研究，收集資料的過程透過分拆、眾包及檢核等程序，讓公民科學家參與科學相關研究，不僅拓展科學資料的收集管道，也提升科學研究的品質，在本書第五章有關於地理公民科學更詳細的介紹。

四、被動性的非框架資料

從民眾的活動中，被動取得非屬於基礎空間資料的VGI皆在此分類中，是這四類VGI裡面最多樣且複雜的，幾乎是從民眾使用網路的各種行為中取得的各種來源VGI，一般可歸類為幾種常見的類型。首先是從搜尋引擎中收集民眾搜尋的關鍵字與瀏覽行為，最知名的應用是Ginsberg等（2009）從民眾搜尋與流感相關的關鍵字，來偵測流感的流行區域。在COVID-19大流行期間，透過Google Trend的搜尋資料分析，搜尋COVID-19的關鍵字高峰早於通報新增病例高峰約11.5天，透過民眾搜尋行為可以提早得知病例的高峰期（Effenberger et al., 2020）。臺灣的案例亦呈現類似的趨勢，在Google Trend上發現當臺灣宣布首例病例後，COVID-19和口罩的搜尋量迅速增加，而在口罩短缺的時期，洗手的搜尋量逐漸增加（Husnayain, Fuad, & Su, 2020）。說明民眾在搜尋引擎上針對事件（例如疾病）進行的搜尋，配合使用的位置，可以預知各個區域面對事件的看法或行為。

社群媒體如Facebook、Twitter或是Weibo等，讓群眾以文字、照片或影片等內容分享生活，若是使用者有開啟位置分享功能，訊息可以與

位置共享，也提供了大量的VGI。這些帶有位置的現場觀察、生活分享與個人意見貼文，讓VGI的應用多樣化也趨向於生活，例如美國地質調查局（U.S. Geological Survey, USGS）發現75％的Twitter推文在有感地震發生的2分鐘內就會發出，比缺乏地震儀器偵測的地區，地震偵測速度還要快得多，而且推文還提供了關於地震的描述（Earle, Bowden, & Guy, 2011）。在商業應用方面，VGI資料可以作為營銷分析，用以改進經營，例如分析飯店來自不同地區消費者的評價與口碑（Phelan, Chen, & Haney, 2013）等。另外，以照片及影片分享為主的社群媒體，如Flickr、Instagram、TikTok等若是具有地理標籤的照片或影片，也能應用在一些領域上的分析，包括遊客行為（Sun, Fan, Helbich, & Zipf, 2013）、城市文化（Boy & Uitermark, 2016）等。

社群媒體在標註地方或附加地理標籤時，多半是套用POI的位置，自Foursquare 2009在全球100個都會區推出讓使用者可以在手機上建立POI後，許多社群媒體，如Twitter、Facebook等都開始具備建立POI的功能，讓使用者標註位置跟註記內容。電子地圖服務商，如Google Maps也提供讓群眾建立POI的功能。POI作為位置與商業經營重要的資訊，現今的商業經營促進了POI的大量生產，其中部分是由政府工商名冊提供，而絕大部分都是屬於VGI的範疇，例如Yelp上的餐廳、AirBnB上的民宿等，是由商家上傳位置，並提供消費者評論、標註等等。

被動性非框架類型的VGI類別與應用相當多元，隨時都有新的VGI產生，也會產生新的應用類型。然而，這些看似多樣且雜亂的VGI，恰巧能呈現複雜的人類社會生活，比起傳統的資料更容易分析人類行為與空間。

第三節、VGI 的取得

VGI資料的多樣性，說明資料生產方式的多元，有的透過Web 2.0網

站添加資料、有是使用者利用App建立，亦有App自動建立的，各種VGI資料生產方式的差異，說明要取得VGI資料具有一定的困難度。

　　取得VGI資料最簡單的方式就是透過App的開發單位釋出的資料集，例如前述提到的eBird，提供半結構化的資料集，使用者只要填妥文件後，就可以直接下載應用。觀察生態的iNaturalist也同樣提供資料下載服務，研究者可以透過iNaturalist網站的資料篩選器，篩選想要的觀察資料進行下載。科學研究所蒐集的VGI資料，為了推廣應用及增加研究發現，多半會彙整提供給公眾運用，然而大量的商業網站或是App則會將使用者貢獻的資料作為營運的資產，極少數會公開提供，甚至以「有償方式提供」來販賣取之於群眾的VGI資訊。例如Google Maps上由民眾貢獻的POI照片，要透過Google Place Photos API進行抓取，每千次需要7美元，而POI的詳細資訊每千次則需要17美元，可以說是「資料即是金錢」。如前述，透過API的方式取得資料，也是一種常見的方式，Google、Facebook、Twitter、Flickr等大型的科技公司，大多以此方式提供並與其他軟體進行資料交換。首先必須先向資料提供方註冊一個專屬的API Key作為認證，再根據其要求設定相關的參數，例如要利用Google Place API搜尋台北101鄰近1公里內的咖啡廳（圖4-2）。

　　回傳取得的JSON檔案就會包含上述設定的參數所抓取的內容。對於取用大量VGI進行研究的使用者而言，透過API取用資料通常無法一次取得研究區內全部的資訊內容，而軟體公司亦會限制API存取次數，因此需要花費較多時間來進行。

　　另一種常見的形式是VGI資訊存在於Web 2.0互動式網頁或網頁部落格上，例如房屋仲介、餐飲評論、旅行資訊等。要取得此VGI資訊可透過網路爬蟲（web crawler）的方式來進行。網路爬蟲過程會從資訊的首頁開始，分析首頁中包含的所有超連結，並生成「訪問清單」，逐步且分層地追尋連結以擷取網頁資訊。在每一層爬取的網頁上，對應網頁原始檔上的

> https://maps.googleapis.com/maps/api/place/nearbysearch/json?location=25.03427,121.56407&radius=1000&keyword=coffee&language=zh-TW&key=123456
>
> location:經緯度。以緯度25.03427,東經121.56407為中心。
>
> radius:範圍。回傳附近1000公尺的place。
>
> keyword：關鍵字。回傳含有coffee的place。
>
> key：API Key。為使用者申請的認證Key。

圖 4-2

Google Place API 資料抓取方式示意

資料來源：Google （n. d.）。

HTML標籤，抓取所需要的資訊，例如嵌入Google地圖，可以透過搜尋map相關字詞，找到地點的空間位置；或者相對應的標籤找到需求的內容。例如從房屋仲介網的房屋代售資訊網站原始碼裡，多半可以找到與線上地圖相關的連結，此連結通常包括了座標資訊，標註了該代售物件的空間位置，也可以透過相對應的標籤來抓取房屋物件的屬性資料。

網路爬蟲獲取VGI的方式，可以利用一些已經開發好的程式套件來取得，例如運用Python所開發的BeautifulSoup套件等，或者是商用公司開發網路爬蟲軟體，如Octoparse、Scrapy等。使用爬蟲軟體可免去程式撰寫的程序，且軟體多半用視覺化的方式，讓使用者決定要抓取哪些標籤，再透過自動化設定的方式進行。進行網路爬蟲操作時，要特別注意抓取時間的間隔，避免在同一時間執行太多抓取序列，或者抓取時間間隔太短，可能會被網站誤認為網路攻擊而封鎖。

不論是使用API擷取或利用爬蟲軟體抓取VGI資料，都必須要注意到資料取得是否達到所需求的標準，例如抓取臺北市售屋資料，是否遺漏某個地區或某個類型？部分網站並非完全結構化，容易遺漏非結構化的資訊；另外，大部分的API也都會設有擷取時間、次數的限制。若事先沒有理解這些特例與限制，容易在使用資料上產生不必要的偏誤。

第四節、VGI 的應用

自 Goodchild（2007）提出 VGI 一詞，描述由民眾集體自發性提供具有空間資訊的行為，以及使用這些資訊的方式。經過十多年，VGI 已經超越當初提出的範疇，成為涵蓋社會科學、自然科學及資訊科學等許多研究領域的跨學科資料來源，也成為 GIS 科學中的重要課題。如前所述，VGI 突破了過去地理資料的生產方式，資料生產者從政府、專家轉變成為群眾，使 VGI 資料能更細緻地呈現地表及其發生過的空間現象，再加上資料蒐集的時間頻率更高，使得瞭解地表現象的空間動態變為可能，也使得 VGI 成為重要的 GIS 資料來源，更重要的是可以發現傳統資料中所無法呈現的訊息。

VGI 蓬勃發展的魅力與其組成特性有關：一是時空位置，空間位置以坐標、地理標註、地名描述等參考方式，讓資訊能在空間上呈現，滿足人們瞭解「我們在哪裡？」或「事物在哪裡？」好奇心的需求，若是再包含時間，則可獲悉移動與變化軌跡；二是內容的描述，以圖像、文本、符號、打卡、照片、影片等方式，對空間進行了自由且多元的描述；三則是資訊的生產與使用，這兩者常常合為一體，亦即所謂的生產消費者（prosumer），可以從生產者面向分析生產者的個人特質、日常活動等，亦可從消費者面向進行使用分析。三個組成構成多樣且多元的應用角度（圖 4-3）。

從 VGI 空間位置的視角可以分析人與事的位置，例如要瞭解遊客在景區的分布，過去調查者必須進行現場統計或是以門票、車輛計數推估遊客人數，卻會受限於調查成本及門票、車輛有無，影響到調查的全面性，因此可透過遊客上傳具有地理標註的觀光景點照片，來觀察遊客在空間上的分布，在成本及調查全面性上，相對具有優勢。Girardin、Dal Fiore、Ratti 與 Blat（2008）以 4,280 位攝影師及遊客上傳具有地理標註的照片，分析遊客在義大利佛羅倫斯遊憩，能以視覺化的方式呈現遊客集中程

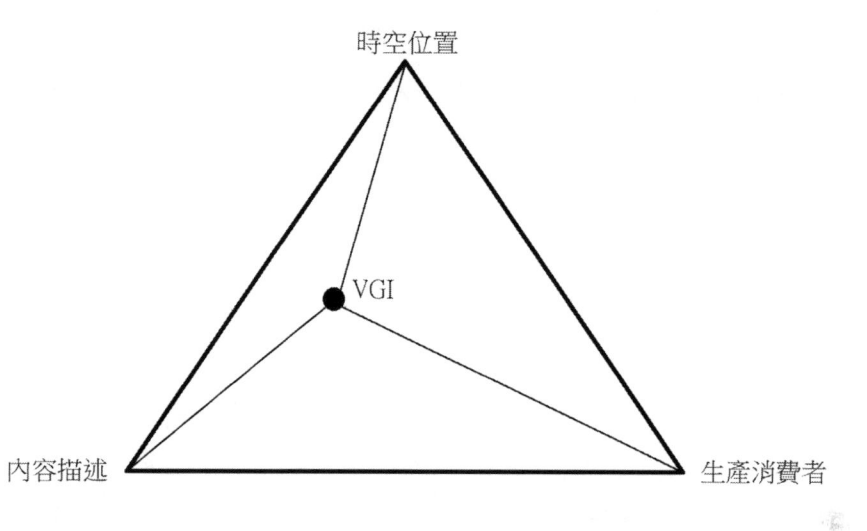

圖 4-3

VGI 的三個組成特性（修改自 Capineri, 2016）

[三角形圖：頂點為「時空位置」，左下為「內容描述」，右下為「生產消費者」，中心點標示 VGI]

度，而透過分析同一人拍攝的照片還進一步推測遊客的時空位置軌跡，這是傳統調查方法較難做到的部分。不僅如此，應用VGI資訊可以降低資料收集的成本，例如前述提到的eBird等生態監測，從2003年1月開始收集，到2008年時已經超過一千萬筆的鳥類觀測紀錄，而每筆觀察成本是3美分，隨著筆數增加成本會更低（Sullivan et al., 2009），迄2021年最新統計已經超過10億筆觀測紀錄。這超過10億筆鳥類觀測紀錄是過去鳥類或生態學家難以想像的，而龐大的位置觀測資料，能更細緻地呈現時空變化，有助於更靈活地提出鳥類保育方案，例如美國魚類和野生動物管理局透過eBird詳細的空間資料，掌握禿鷹全年最可能出現的位置，作為風力發電設施選址的依據，降低風力發電設施碰撞的潛在危險。對於都市研究而言，VGI是無所不在的細微資訊，常被應用在精細的都市管理、治理研究中。民眾在都市中將餐廳、商店、景點等POI分享在社群媒體中，這些POI的空間位置，代表著都市土地利用的類型，也代表民眾居住、工作、娛樂等生活區域，Jiang、Alves、Rodrigues、Ferreira與Pereira（2015）利用Yahoo!的POI資料，結合人口與就業統計，估算都市的就業類別分區，研究發現比起官方或商業機構的統計，能更細分都市的土地利用實況。

如同Goodchild（2007）所述，VGI藉由每個民眾的貢獻，如同感測器

般地，貢獻出許多個人層級的資料，透過個人層級的數據分析可以更細緻地瞭解社會經濟活動。Y. Liu等（2015）提出社會感知（social sensing）一詞，用以表示以個人為主體的地理空間大數據相關的分析方法，將個體視為感測器，藉以感知社會經濟特徵。他將Weibo打卡資料和呈現地表覆蓋的衛星影像資料整合起來，提出一套方法，解決僅從土地覆蓋光譜特徵推斷土地利用所存在的技術性問題，因為打卡資料可以得知不同場所的空間位置，結合遙測影像可以得到地表覆蓋與使用功能。社會感知提出的概念，強調從VGI資料可以捕捉人類活動的能力與時間變化，增加我們對社會經濟活動的敏感性，也能從過去無法獲得的極細緻的空間資料，來觀察人類活動並瞭解真實世界的地理空間知識（Croitoru, Crooks, Radzikowski, & Stefanidis, 2013）。

　　VGI的內容描述更是VGI重要的應用價值。餐廳打卡時，會在App留下對餐廳的評價，旅行時在Twitter或部落格留下景區的描述，或者在爆料公社中闡述一地的髒亂。這些基於位置的空間描述，讓空間事物不僅是地圖上的點位，更讓觀看者產生空間上的想像。VGI以文本、評論、圖像或媒體的方式，呈現著生產者賦予的附加價值，資料生產者參與空間知識的生產過程，描述自身所見所聞，因此VGI資訊更加在地化，成為地方知識挖掘的重要關鍵。以餐廳為例，過去我們可以從登記資料知道餐廳的空間位置，甚至可以得知販賣的餐飲類型，但是無法得知餐廳的氣氛、服務好不好，而民眾在餐廳打卡時，將在餐廳內的感受進行文字或影片上的評論，描述了餐廳氣氛、服務等，使我們能夠知道比登記資料更多的個人感受。這些具有空間位置的感知描述，是VGI應用中相當重要的部分，如對地理學中常提到的「地方」（place）是一個承載位置訊息與感知的組合，對於地方的描述是我們瞭解現象的資源，而這些敘述多半來自於大量的主觀經驗。過去研究者對地方的瞭解，要花費大量精力進行訪談調查，而VGI上具有非結構化的自然語言敘述，成為瞭解地方的最好應用。例如我們可以透過具有地理標註的貼文來瞭解貼文中描述的地名範圍（Cheng,

Caverlee, Lee & Sui, 2011），就好比臺北市的東區，並不是一個行政區域，而我們隱約知道東區是在臺北市忠孝東路一帶，透過貼文中帶有東區的內文描述與實際位置的地理標註，進而可以知道大部分群眾們對於東區這樣一個地名認知可能範圍。不僅如此，帶有空間位置的內文描述充斥在民眾使用的社群媒體中，也呈現出地方上群眾集體感受，例如 CrisisTracker 自動追蹤挖掘 Twitter 上的關鍵字詞，即時監測自然災害或大型事件的發生，有效地呈現出地方正在發生的事件故事（Rogstadius et al., 2013）。聯合國糧食及農業組織（Food and Agriculture Organization of the United Nations, FAO）也追蹤 Twitter 上關鍵的字詞，監看各個國家正在發生影響糧食安全的緊急事件變化，對全球糧食安全與飢餓可能發生地區提出預警，並且透過時序資料的分析，觀察事件的變化程度。內文的分析不僅可以應用在緊急事件的預警與追蹤，也可以作為瞭解情緒分布的重要資料，例如 Resch、Summa、Sagl、Zeile 與 Exner（2015）藉由 Twitter 推文的情感分析，瞭解城市內情緒的空間分布。城市內好壞情緒的空間分布，能幫助城市規劃管理者在城市規劃中，更有效地提升城市內民眾的好情緒，例如改善交通瓶頸、增設小型公園休憩處等等。VGI 的內容不僅可以從文本進行分析，亦可從照片、影像進行情感分析，Kang 等（2019）利用 200 萬張有人臉且有地理標註的 Flickr 照片，從表情進行情感分析提取情緒分布，建立一個地方的幸福感排名。從這些 VGI 的內容分析應用例子中不難發現，VGI 提供了一個有別於過去的資料取得途徑，就是大範圍、細緻性、即時性地得到大眾的想法、感受或情緒，除了讓我們更瞭解地方外，也能幫助決策者或規劃者進行更好的決策。

　　最後一個關於 VGI 的應用面向是關於「人」，也就是貢獻資料的民眾或者是使用資料的民眾。貢獻與使用並不衝突，每個人都可能是 VGI 資料的生產者，也可以是資料的消費者，如同餐廳的評價一樣，民眾替餐廳評價，也在前往其他餐廳時會預先觀看別人對餐廳的評價。這種既是生產端也是消費端的特性，使得 VGI 的資料貢獻者成為「生產消費者」，瓦解了

過去專家與業餘者的分界（Wilson & Graham, 2013）。雖然如此，VGI的生產與消費量依舊不是對等的，可能依循90-9-1的規則，90%的人只是資訊的消費者，沒有任何貢獻，9%是輕度或間歇的資訊貢獻者，最後1%生產了大部分的資訊（Haklay, 2016）。雖然只有少部分的人會主動積極地生產VGI，在龐大的人口基數下，也已經達到過去研究中難以取得的數量了。VGI在時空及內容上的表現，間接提供人的特性等相關資訊，例如從發文位置集中在景區且在景區間移動，相較於發文位置移動範圍不大，集中在部分地區，就能區分出出遊客與居民（Q. Liu, Wang, & Ye, 2018）。利用Twitter上發文者所使用的語言，也可以定位出族群的分布。倫敦大學Bartlett Centre for Advanced Spatial Analysis（CASA）研究中心，利用Twitter上使用的發文語言尋找出倫敦及紐約不同族裔的集中位置，例如使用阿拉伯語的人主要集中在倫敦海德公園的北邊，而紐約使用西班牙語的人則圍繞在曼哈頓島周圍。除了以軌跡及語言來區別人群外，社群媒體的VGI則提供了探究「人際關係」的管道，2011年東日本大地震時，最早以日文貼文與日本聯繫的地方是美國的夏威夷，表示夏威夷地區與日本的關係程度強。從貼文的位置、語言、內容及關注的人所在地等，都是VGI得以探究人際關係的資料，帶給社會科學一種新的取徑，例如分析難民移民的移動目的地會受到難民群體人際關係的影響（Curry, Croitoru, Crooks, & Stefanidis, 2019）。

　　Steiger, de Albuquerque與Zipf（2015）分析Twitter的相關研究指出，當社群媒體具有空間定位功能後可以分為：位置層（location layer）的地理空間網路（geographical network）、內容層（content layer）的語義網路（semantic metadata network）及使用者層（user layer）的社會網路（social network）三個層次。三層次的綜合可以說明前述VGI應用的三個方向，例如作為基礎的位置層可將使用者的社會網絡（朋友、粉絲等）與內容層的文字描述、評論等，對應到真實世界的地理空間上，而內容描述與位置又會映射出使用者的特性。VGI的應用，可以從時空位置、內容描述及生

產消費者的三個維度去思考，位置在哪？內容是什麼？生產消費者是誰？在VGI廣泛應用領域中，擬定自己的應用方向。

第五節、VGI的隱私權及資料品質

當VGI廣泛應用在各個領域時，隱私權已經成為重要的課題。至今，民眾已經無時無刻都在上傳具有空間性的地理資料，除了主動式的VGI資料外，大部分被動式的VGI資料收集，多少會產生隱私權的爭議。有學者試圖從資訊提供是否具有選擇權的角度，區分「選擇性加入」與「選擇性退出」兩種（Harvey，2013），來探討隱私權可能的爭議，如使用者知情且同意下，選擇性同意提供或被軟體自動收集的位置資訊，例如上傳一張照片並打卡標註位置；另一種較多隱私權爭議的情況，則是在使用者不知情的情況下，自動透過設備收集使用者的空間資訊，使民眾不容易意識到個人位置隱私權暴露。在使用者不知情的情況下，蒐集使用者的位置與行為，容易衍生出許多的問題，因此近期手機系統廠商讓民眾在安裝軟體或使用位置資訊時，主動提醒使用者可選擇退出或是關閉位置資料收集功能，然而大部分的軟體在退出後就禁止使用該軟體，更甚者將同意權藏在使用合約的文件中，以「使用者知情權」來規避資料收集應用的隱私權問題。在被動式的VGI資料中，民眾即使知道上傳的貼文或照片附帶有空間位置訊息，也無法預測VGI的其他用途，也不知道如何被再利用或是混搭成為其他資訊再被提供出去。Calderoni、Palmieri與Maio（2015）認為我們才剛開始瞭解我們攜帶的設備，正在不斷地暴露關於行蹤的相關隱私權風險，若是沒有一種對隱私友好的協議或保障方式，將可能破壞VGI資料的可用性，尤其VGI資料的價值就是來自於民眾的貢獻，若是因為顧及隱私暴露而選擇減少或不再貢獻具有位置的資料，將大大減損VGI資訊的價值。要如何在VGI應用中進行隱私保護也成為重要的議題，事實上已

有幾種可以涵蓋多樣性VGI的隱私保護方法可運用，最簡單的方法就是在原始資料中模糊化訊息，加總到區域尺度或是加入空間位置的隨機誤差。Twitter的貼文中若是同時存在兒童照片及位置時，就會自動在位置上增加隨機偏移，減少兒童位置隱私暴露；房屋仲介也會將待租售的房屋位置，以環形的區域呈現，避免直接被識別出。雖然此種方式簡單，卻會減損VGI資料中個別位置的資料價值。另一種方式則是選擇性地提供VGI資訊，避免時間與位置足夠能準確地能綁定到一個人或一小群體，且避開能連結到個人的上下文的資訊。同樣地，此種方法會使得VGI無法窺視資料的全貌，降低VGI使用的價值。VGI的隱私權問題，讓VGI在資料全面性與顧及隱私權的天平中擺盪，迄今尚無法得到充分的解決，只能在應用案例中特別注意隱私權的問題（Mooney et al., 2017）。

　　VGI的另一個常被討論的問題就是資料品質。地理資料的品質與定位設備的精度、收集內容的設計與處理方式等有關，VGI資料當然也無法避免受上述現象所影響，在此不針對手機定位的誤差、資料收集過程的品質控管問題等因素進行討論，而從空間異質性與生產者差異性的角度來說明其對資料品質的影響。VGI的取得常存在空間異質性（spatial heterogenous），因為由人口密集程度的分布不同，VGI資料數量經常存在空間的偏差，例如都市地區的VGI資料生產高於鄉村地區（Ma, Sandberg, & Jiang, 2015）。Millar、Hazell與Melles（2019）對比水質監測的公民科學計畫與政府主導的湖泊監測計畫，比較兩者間採樣的空間偏差，由志願者貢獻的VGI資料採樣地點出現較大的空間偏差，提出「山屋效應」（cottage effect），因為在容易到達或較具娛樂性質的夏季山屋地區，民眾採樣次數較多，而使整個VGI採樣資料受到湖泊可達性、吸引力及人口偏差影響。若VGI的空間樣本分布不均產生的偏差，會產生統計雜訊，或者產生實際上不存在的模式，可能會導致於結果的誤判或是錯誤的結論（Geldmann et al., 2016; Isaac, van Strien, August, de Zeeuw, & Roy, 2014），因此利用VGI資料進行推論時，要充分考量資料量的空間異質性，避免產生錯誤的

判斷。另外，VGI資料量的多寡與資料品質相關性高，資料量越大，能夠取得資料品質更高的資訊，如同Linux創辦人所言：「足夠多的眼睛，就能讓所有問題浮現」（Given enough eyeballs, all bugs are shallow），這一條Linus' Law非常適合說明VGI資料數量對資料品質的影響，也因此人口稠密地區或事件容易觀察的VGI品質遠比偏遠地區和模糊事件的事實更加準確。

VGI資料品質除了受到人群分布或數量多寡影響外，也容易受到資料生產者的差異性所影響，雖然說VGI屬於群眾主動或被動的貢獻，原則上是對所有人開放，任何人都可以貢獻VGI資料，然而現實上卻不然。VGI資料依舊存在著偏差（bias），這裡討論的偏差主要來自於資料生產者的差異，例如前述提及Haklay（2016）提出的90-9-1法則，少部分的資料生產者貢獻了近90％的資料，因此這少部分的資料生產者特性就成為了VGI可能的偏差來源。年齡、教育背景、收入及性別等都會影響產生VGI的偏差。以OSM而言，資料是由超過九成以上男性所貢獻，這些貢獻者通常較年輕且擁有較佳的技術能力，使得OSM的資料貢獻者形成一個特別的群體（Gardner, Mooney, De Sabbata, & Dowthwaite, 2020）。如果VGI內容都偏向於那些有意願、技能及設備的人所貢獻的資訊，那代表著那些貢獻者的生活經驗，而容易忽略掉其他族群的部分，因此若單純的以為VGI屬於眾包資料，能夠代表地方上的所有族群，進而忽視資料貢獻者的偏差，有可能導致社會的不平等加劇（Stephens, 2013）。

第六節、VGI與新地理學

現今每個人都可以生產與消費新形式的地理空間資訊，也就是本文中的VGI。VGI的蓬勃發展，讓民眾可以創建地理資訊及生產地理知識，Turner（2006）認為「新地理學是一種關於個人與地方之間的互動」

（Neogeography is about personal interaction with place），而VGI的生產與應用推進了新地理學的發展。在新地理學的互動過程中，反映出資料生產的非專家化，也就是這些非專業的民眾參與地理資料生產的意願越來越強，資料量也越來越大，也代表認識到自己都是屬於生活地方的專家。Goodchlid（2009）認為沒有一個詞可以清楚地區分作為地理空間數據獲取的 VGI 愛好者和學術地理學家的角色。如用「新地理學」來描述學術界以外大量人群的地理描述和分析過程將是最好的選擇，這是由科技技術和Web 2.0 的社群網絡實踐推動，促進了空間資訊的爆炸式增長，並通過眾包激發了一種新的知識生產模式（Goodchild, 2009），因此「新地理學」的範疇涵蓋了VGI的生產及其後續的影響。

如前所述，當民眾成為感測器，感受著地方與環境上的事物，並以主動或是被動的方式記錄下來，從各個角度可以更瞭解我們的生存環境，當然也包括我們的社會。VGI的發展，幾乎改變整個資訊的使用習慣，比起以往，民眾更想知道事物在哪裡？那裡有什麼？以及大家怎麼評價那裡？這些透過日常生活與製圖而共享的資訊，有絕大部分是政府或者傳統地理調查所難以生產的。我們也可以瞭解新地理學的形成與民眾地理資料的生產目的，並非是為了複雜的空間分析，更多是關於創建與共享空間資訊與敘述。這種空間資訊生產與共享方式的轉變，對地理及GIS領域帶來了深刻的改變，不僅在於資料的類型與分析方法上的變化，而是改變地方、社區、公眾與民眾識覺之間的關係。Foth、Bajracharya、Brown與Hearn（2009）認為新地理學代表GIS發展的第四個階段，也就是更容易顯示出民眾的日常視角與聲音。VGI可視為一種社會實踐的形式，民眾可以自由地參與其中，亦能與社會產生互動，讓民眾成為新地理學的一環。雖然新地理學有許多的討論與批判，在此並不再深入討論，重點是要點出這些由VGI資料所拓展日常生活製圖以及由下而上的公民地理資訊，替地理學也開創了一條普及大眾的路，讓大眾更易接觸到空間知識，減少地理文盲，也促進了公眾參與，是新地理學的重大貢獻。不僅如此，不同領域與學科

對VGI的興趣，也使得運用GIS進行製圖與分析的領域越來越多，亦使空間之學的地理學更加受到矚目。

VGI雖然促進新地理學的發展與許多跨領域的應用面向，然而我們不能略過VGI仍有許多待解決的問題，例如隱私權受侵犯或是資料品質的問題，更重要的是應用VGI時，需注意是否促進空間知識的發現，還是形成了偏差的意象；是否促進了社會的平等，還是加劇了不平等，這些都不是單純拿VGI資料分析得到結果就好，應當更謹慎地應用VGI，方能發揮VGI更好的價值。

參考文獻

Barth, D. (2009, August 25). The bright side of sitting in traffic: Crowdsourcing road congestion data. [Blog post]. Retrieved from https://googleblog.blogspot.com/2009/08/bright-side-of-sitting-in-traffic.html

Basiouka, S., & Potsiou, C. (2012). VGI in cadastre: A Greek experiment to investigate the potential of crowd sourcing techniques in cadastral mapping. *Survey Review*, *44*(325), 153-161. doi:10.1179/1752270611Y.0000000037

Boy, J. D., & Uitermark, J. (2016). How to study the city on Instagram. *PLOS ONE*, *11*(6), e0158161. doi:10.1371/journal.pone.0158161

Calderoni, L., Palmieri, P., & Maio, D. (2015). Location privacy without mutual trust: The spatial Bloom filter. *Computer Communications*, *68*(1), 4-16. doi:10.1016/j.comcom.2015.06.011

Capineri, C. (2016). The nature of volunteered geographic information., In C. Capineri, M. Haklay, H. Huang, V. Antoniou, J. Kettunen, F. Ostermann,

& R. Purves (Eds.), *European handbook of crowdsourced geographic information* (pp.15-33), London, UK: Ubiquity Press. doi:10.5334/bax.b

Cheng, Z., Caverlee, J., Lee, K., & Sui, D. (2011). Exploring millions of footprints in location sharing services. In *Proceedings of the International AAAI Conference on Web and Social Media* (Vol. 5, No. 1, pp. 81-88). Palo Alto, CA: AAAI Press.

Clark, M. L., & Aide, T. M. (2011). Virtual Interpretation of Earth Web-Interface Tool (VIEW-IT) for collecting land-use/land-cover reference data. *Remote Sensing, 3*(3), 601-620. doi:10.3390/rs3030601

Craglia, M., Ostermann, F., & Spinsanti, L. (2012). Digital Earth from vision to practice: Making sense of citizen-generated content. *International Journal of Digital Earth, 5*(5), 398-416. doi:10.1080/17538947.2012.712273

Croitoru, A., Crooks, A., Radzikowski, J., & Stefanidis, A. (2013). Geosocial gauge: A system prototype for knowledge discovery from social media. *International Journal of Geographical Information Science, 27*(12), 2483-2508. doi:10.1080/13658816.2013.825724

Curry, T., Croitoru, A., Crooks, A., & Stefanidis, A. (2019). Exodus 2.0: Crowdsourcing geographical and social trails of mass migration. *Journal of Geographical Systems, 21*(1), 161-187. doi:10.1007/s10109-018-0278-1

Doesken, N., & Reges, H. (2010). The value of the citizen weather observer. *Weatherwise, 63*(6), 30-37. doi:10.1080/00431672.2010.519607

Earle, P. S., Bowden, D. C., & Guy, M. R. (2011). Twitter earthquake detection: Earthquake monitoring in a social world. *Annals of Geophysics, 54*(6), 708-715. doi:10.4401/ag-5364

Effenberger, M., Kronbichler, A., Shin, J. I., Mayer, G., Tilg, H., & Perco, P. (2020). Association of the COVID-19 pandemic with internet search volumes: A Google Trends™ analysis. *International Journal of Infectious Diseases, 95*, 192-197. doi:10.1016/j.ijid.2020.04.033

Elwood, S., Goodchild, M. F., & Sui, D. Z. (2012). Researching volunteered geographic information: Spatial data, geographic research, and new social practice. *Annals of the Association of American Geographers, 102*(3), 571-590. doi:10.1080/00045608.2011.595657

Enemark, S. (2013, April). *Fit-for-purpose: Building spatial frameworks for sustainable and transparent land governance.* Paper presented at the Annual World Bank Conference on Land and Poverty 2013, Washington, DC.

Foth, M., Bajracharya, B., Brown, R., & Hearn, G. (2009). The Second Life of urban planning? Using NeoGeography tools for community engagement. *Journal of Location Based Services, 3*(2), 97-117. doi:10.1080/17489720903150016

Fritz, S., See, L., van der Velde, M., Nalepa, R. A., Perger, C., Schill, C., ... Obersteiner, M. (2013). Downgrading recent estimates of land available for biofuel production. *Environmental Science & Technology, 47*(3), 1688-1694. doi:10.1021/es303141h

Gardner, Z., Mooney, P., De Sabbata, S., & Dowthwaite, L. (2020). Quantifying gendered participation in OpenStreetMap: Responding to theories of female (under) representation in crowdsourced mapping. *GeoJournal, 85*(6), 1603-1620. doi:10.1007/s10708-019-10035-z

Geldmann, J., Heilmann-Clausen, J., Holm, T. E., Levinsky, I., Markussen, B., Olsen, K., ... Tøttrup, A. P. (2016). What determines spatial bias in citizen science? Exploring four recording schemes with different proficiency requirements. *Diversity and Distributions, 22*(11), 1139-1149. doi:10.1111/ddi.12477

Ginsberg, J., Mohebbi, M. H., Patel, R. S., Brammer, L., Smolinski, M. S., & Brilliant, L. (2009). Detecting influenza epidemics using search engine query data. *Nature, 457*, 1012-1014. doi:10.1038/nature07634

Girardin, F., Dal Fiore, F., Ratti, C., & Blat, J. (2008). Leveraging explicitly disclosed location information to understand tourist dynamics: A case study. *Journal of Location Based Services, 2*(1), 41-56. doi:10.1080/17489720802261138

Goodchild, M. F. (2007). Citizens as sensors: The world of volunteered geography. *GeoJournal, 69*(4), 211-221. doi:10.1007/s10708-007-9111-y

Goodchild, M. F. (2009). NeoGeography and the nature of geographic expertise. *Journal of Location Based Services, 3*(2), 82-96. doi:10.1080/17489720902950374

Google. (n.d.). [Google Maps Platform]. Retrieved from April 1, 2023, https://mapsplatform.google.com/

Haklay, M. E. (2016). Why is participation inequality important? In C. Capineri, M. Haklay, H. Huang, V. Antoniou, J. Kettunen, F. Ostermann, & R. Purves (Eds.), *European handbook of crowdsourced geographic information* (pp. 35-44). London, UK: Ubiquity Press. doi:10.5334/bax.c

Harvey, F. (2013). To volunteer or to contribute locational information? Towards truth in labeling for crowdsourced geographic information. In D. Sui, S. Elwood, & M. Goodchild (Eds.) *Crowdsourcing geographic knowledge: Volunteered geographic information (VGI) in theory and practice* (pp. 31-42). Dordrecht, Netherlands: Springer. doi:10.1007/978-94-007-4587-2_3

Husnayain, A., Fuad, A., & Su, E. C.-Y. (2020). Applications of Google Search Trends for risk communication in infectious disease management: A case study of the COVID-19 outbreak in Taiwan. *International Journal of Infectious Diseases, 95*, 221-223. doi:10.1016/j.ijid.2020.03.021

Isaac, N. J. B., van Strien, A. J., August, T. A., de Zeeuw, M. P., & Roy, D. B. (2014). Statistics for citizen science: Extracting signals of change from noisy ecological data. *Methods in Ecology and Evolution, 5*(10), 1052-1060. doi:10.1111/2041-210X.12254

Jiang, S., Alves, A., Rodrigues, F., Ferreira, J., Jr., & Pereira, F. C. (2015). Mining point-of-interest data from social networks for urban land use classification and disaggregation. *Computers, Environment and Urban*

Systems, 53, 36-46. doi:10.1016/j.compenvurbsys.2014.12.001

Kabernik, V. (2013). More than just a game: Impact of the Ingress Project on the internet and security. *Security Index: A Russian Journal on International Security, 19*(4), 89-90. doi:10.1080/19934270.2013.821883

Kang, Y., Jia, Q., Gao, S., Zeng, X., Wang, Y., Angsuesser, S., ... Fei, T. (2019). Extracting human emotions at different places based on facial expressions and spatial clustering analysis. *Transactions in GIS, 23*(3), 450-480. doi:10.1111/tgis.12552

Liu, Q., Wang, Z., & Ye, X. (2018). Comparing mobility patterns between residents and visitors using geo-tagged social media data. *Transactions in GIS, 22*(6), 1372-1389. doi:10.1111/tgis.12478

Liu, Y., Liu, X., Gao, S., Gong, L., Kang, C., Zhi, Y., Chi, G., & Shi, L. (2015). Social sensing: A new approach to understanding our socioeconomic environments. *Annals of the Association of American Geographers, 105*(3), 512-530. doi:10.1080/00045608.2015.1018773

Ma, D., Sandberg, M., & Jiang, B. (2015). Characterizing the heterogeneity of the OpenStreetMap data and community. *ISPRS International Journal of Geo-Information, 4*(2), 535-550. doi:10.3390/ijgi4020535

Millar, E. E., Hazell, E. C., & Melles, S. J. (2019). The 'cottage effect' in citizen science? Spatial bias in aquatic monitoring programs. *International Journal of Geographical Information Science, 33*(8), 1612-1632. doi:10.1080/13658816.2018.1423686

Mooney, P., Olteanu-Raimond, A.-M., Touya, G., Juul, N., Alvanides, S., & Kerle, N. (2017). Considerations of privacy, ethics and legal issues in volunteered geographic information. In G. Foody, L. See, S. Fritz, P. Mooney, A.-M. Olteanu-Raimond, C. C. Fonte, & V. Antoniou (Eds.), *Mapping and the citizen sensor* (pp. 119-135). London, UK: Ubiquity Press. doi:10.5334/bbf.f

Olteanu-Raimond, A.-M., Laakso, M., Antoniou, V., Fonte, C. C., Fonseca,

A., Grus, M., ... Skopeliti, A. (2017). VGI in national mapping agencies: Experiences and recommendations. In G. Foody, L. See, S. Fritz, P. Mooney, A.-M. Olteanu-Raimond, C. C. Fonte, & V. Antoniou (Eds.), *Mapping and the citizen sensor* (pp. 299-326). London, UK: Ubiquity Press. doi:10.5334/bbf.m

Phelan, K. V., Chen, H.-T., & Haney, M. (2013). "Like" and "Check-in": How hotels utilize Facebook as an effective marketing tool. *Journal of Hospitality and Tourism Technology*, 4(2), 134-154. doi:10.1108/JHTT-Jul-2012-0020

Resch, B., Summa, A., Sagl, G., Zeile, P., & Exner, J. P. (2015). Urban emotions—Geo-semantic emotion extraction from technical sensors, human sensors and crowdsourced data. In G. Gartner, & H. Huang, (Eds.), *Progress in location-based services 2014* (pp. 199-212). Cham, Switzerland: Springer. doi:10.1007/978-3-319-11879-6_14

Rogstadius, J., Vukovic, M., Teixeira, C. A., Kostakos, V., Karapanos, E., & Laredo, J. A. (2013). CrisisTracker: Crowdsourced social media curation for disaster awareness. *IBM Journal of Research and Development*, 57(5), 4:1-4:13. doi:10.1147/JRD.2013.2260692

See, L., Estima, J., Pődör, A., Arsanjani, J. J., Bayas, J.-C. L., & Vatseva, R. (2017). Sources of VGI for mapping. In G. Foody, L. See, S. Fritz, P. Mooney, A.-M. Olteanu-Raimond, C. C. Fonte, & V. Antoniou (Eds.), *Mapping and the citizen sensor* (pp. 13-35). London, UK: Ubiquity Press. doi:10.5334/bbf.b

Siriba, D. N., & Dalyot, S. (2017). Adoption of volunteered geographic information into the formal land administration system in Kenya. *Land Use Policy*, 63, 279-287. doi:10.1016/j.landusepol.2017.01.036

Steiger, E., de Albuquerque, J. P., & Zipf, A. (2015). An advanced systematic literature review on spatiotemporal analyses of twitter data. *Transactions in GIS*, 19(6), 809-834. doi:10.1111/tgis.12132

Stephens, M. (2013). Gender and the GeoWeb: Divisions in the production of user-generated cartographic information. *GeoJournal, 78*(6), 981-996. doi:10.1007/s10708-013-9492-z

Sui, D. Z. (2005). G for Google? What can we learn from Google's success so far? *GeoWorld, 15*(3), 18-22.

Sui, D. Z., & Goodchild, M. F. (2011). The convergence of GIS and social media: Challenges for GIScience. *International Journal of Geographical Information Science, 25*(11), 1737-1748. doi:10.1080/13658816.2011.604636

Sullivan, B. L., Wood, C. L., Iliff, M. J., Bonney, R. E., Fink, D., & Kelling, S. (2009). eBird: A citizen-based bird observation network in the biological sciences. *Biological Conservation, 142*(10), 2282-2292. doi:10.1016/j.biocon.2009.05.006

Sun, Y., Fan, H., Helbich, M., & Zipf, A. (2013). Analyzing human activities through volunteered geographic information: Using Flickr to analyze spatial and temporal pattern of tourist accommodation. In J. M. Krisp (Ed.), *Progress in location-based services* (pp. 57-69). Heidelberg, Germany: Springer. doi:10.1007/978-3-642-34203-5_4

Turner, A. (2006). *Introduction to neogeography*. Sebastopol, CA: O'Reilly Media.

Wilson, M., & Graham, M. (2013). Neogeography and volunteered geographic information: A conversation with Michael Goodchild and Andrew Turner. *Environment and Planning A: Economy and Space, 45*(1), 10-18. doi:10.1068/a44483

Zook, M., Graham, M., Shelton, T., & Gorman, S. (2010). Volunteered geographic information and crowdsourcing disaster relief: A case study of the Haitian earthquake. *World Medical & Health Policy, 2*(2), 7-33. doi:10.2202/1948-4682.1069

Chapter 5
地理公民科學——

安托萬・德・聖修伯里（Antoine de Saint-Exupéry）1943年出版的《小王子》（Le Petit Prince）一書中，曾描述小王子在第六顆行星上，遇到了一位地理學家。這位地理學家的工作就是在他的研究室中，訪談來自世界各地的探險家，並把他們的經歷故事記錄下來；探險家的故事裡有著世界各地的城市、河流、山脈、海灣、海洋和沙漠……等不會變動的環境特徵。而地理學家的任務，則是將那些來自世界各地的故事與環境，像拼圖似地彙整成為一本巨大的地理書……

第一節、公民科學的定義與特性

2014年牛津辭典將公民科學（citizen science）一詞納入，並將其定義為「一般大眾與專業科學家合作，並在他們的指導下協助收集或分析相關的科研資料」。在常見的公民科學模式中，科學家會依照調查標的及相關學理去制訂資料架構（protocol），並將其轉化為表單或是行動應用程式（mobile application, App），從而邀請各地的志工參與調查，以擴大科研調查的量能。以美國Audubon學會所推動的Christmas Bird Count的公民科學為例，便是在每年聖誕節時期號召愛鳥人士，上傳住家附近所看到的鳥種、數量與位置；每年的調查資料經過彙整後，民眾可以查詢自家周邊的鳥況，也可以下載資料分析遷徙路線、族群數量變化，甚至可以檢視百年來各種鳥類的分布變遷動態。

此外，部分的軟體工具也提供志工創建專案的空間（例如：iNaturalist），讓志工可以針對特定的課題或空間範圍，建立一個專屬的公民科學方案；志工可以針對區域性的課題，邀請志同道合的市民，啟動小型的公民科學調查，甚至以調查的結果為基礎，建立在地化的環境保育倡議。在這些多元的公民科學模式中，志工可以是科研計畫的輔助者，協助科學家進行現地的資料採集，也能轉身成為知識生產的主導者，從在地的視野剖析資料的趨勢與因果關係；而科學家在這個過程中，也可扮演為輔助的角色，協助確認民眾的採集方式與研究流程，是否能產出具有科學意義的研究成果。

緣此，許多學者認為公民科學的推動，並非只是透過志工的參與以擴大研究計畫的資料蒐集量能，而是希望藉由公眾的參與，逐步提高公眾對於科學課題的認識、接觸和教育新的目標社群及贊助者，從而提升環境治理與永續發展。因此，有部分學者認為公民科學可以視為一種公眾參與科學研究（public participation in scientific research, PPSR）的形式，其資料產製程序有別於傳統的專家與實驗室，著重由群眾協助蒐集資訊，且因其具有公眾參與的特性，所以也可視作一種「具有民主特質的科學研究取徑」（Mueller, Tippins, & Bryan, 2011），「知情參與」的志工除了可能影響整個科研程序的設計外，也可能扮演連結科研成果與現實世界治理的重要介面。

近年來，許多國家開始關注公民參與對於科學研究及傳播的重要性，所以開始嘗試透過官方文件或法令將公民科學納入預算或教育計畫中。以美國為例，聯邦政府於2016年通過「群眾外包與公民科學法案」（Crowdsourcing and Citizen Science），要求州政府推動公民科學計畫，並需提供資訊工具與專責人員，以協助公民科學團體解決計畫推動的問題，甚至有必要時可以針對外來物種編列特別預算，以公民科學的方式協助監督與控管。歐盟則以「數位、創新、青年、共榮」等面向作為推動公民科學的重點，並推出水平線（Horizon）2020計畫與歐洲公民科學綠皮書（顏寧，2020），希望進一步落實公民科學的精神。

於此同時，受益於網際網路、互動式地圖（GeoWeb）與民用全球定位系統（Global Positioning System, GPS）等地理資訊科技（geospatial information technologies, GITs）的快速發展，許多公民科學計畫開始利用智慧型手機內建的空間感測設備，如：GPS、陀螺儀等，以補充調查標的物所在的空間區位；這些被視為背景的空間屬性，除了協助研究者掌握資料或現象的空間分布趨勢外，有時也在科學資料的品質檢核中扮演重要的位置，科學家可以據此檢核志工的調查資料是否出現在不對的位置，從而篩選出有問題的資料，以減低後續分析時的偏誤。同時，部分的公民科學也將「空間」作為一種志工的動員方法，以eBird Taiwan的填空插旗競賽為例，便是將臺灣切分成若干個大小一致的網格，並鼓勵志工去占領尚未有人調查的「樣區」，以空間競賽加上激勵的方式，擴大資料庫的覆蓋範圍。

　　當然，亦有一些公民科學是以群策群力產製空間資訊為核心訴求；以2009年發起的Geo-Wiki為例，該計畫號召民眾以公民科學的方式，提供自家周邊的土地覆蓋（land cover）狀況；民眾只需藉由手機App拍照、填報，就可以協助檢核／編修土地覆蓋資料。另外，美國地質調查所（United States Geological Survey, USGS）也從2013年開始引用公民科學的觀念，啟動The National Map Corps計畫，希望藉由網路志工的參與，收集公共場所／機構（public places）的地理資訊，包括：公園、學校、郵局、警局等，以縮短現有的國家地圖資料庫的更新時程與成本。而這些計畫所產製的空間資訊，除了補充現有空間資訊的不足，同時也讓參與的志工瞭解在地環境問題的樣態，並在全球的土地利用變遷、糧食安全、污染監測和社會經濟指標等環境治理課題上，都扮演至關重要的角色。

　　英國學者Haklay（2013）將前述公民科學與GITs結合的趨勢，統稱為地理公民科學（geographical citizen science），而這些由公眾參與公民科學時，所蒐集、產製與檢核的地理資訊，亦成為一種公民地理資訊的重要來源。

第二節、常見的地理公民科學模式

　　Skarlatidou與Haklay（2021）將地理公民科學定義為：一般公眾參與公民科學行動，主動且明確地生產具有地理特性的資料；在地理公民科學中，參與的志工會利用GITs，去收集、分析和傳播空間資訊，而科學家則能透過資料的空間特性與再現，檢視資料背後隱而未現的趨勢，並獲得新的啟發。

　　此外，Haklay等（2021）也認為地理公民科學是自發性地理資訊（volunteered geographic information, VGI）與公民科學交集，所形成的一個特殊領域；誠如上一章節中提及，在我們拍照打卡或前往某一個店家消費，並在Google Maps給予評價時，其實就已經產製了一筆VGI。這些VGI的產製可能是使用者主動提供，也有許多是提供服務的資訊科技公司經由匿名收集／彙總的方式所產製，而使用者本身並不全然知情的「被動」形式；然而，當科學家或研究人員針對這些VGI進行科學課題的分析時，這些日常生活的細碎分享，卻能轉化成為具有強大潛力的科學素材；在Google社區人流趨勢報告（COVID-19 Mobility）與蘋果移動趨勢（Apple Mobility Trends）的案例中，我們看到跨國科技公司透過側記（side note）使用者行為所產製的VGI，重新還原了城市在疫情期間的人流狀況，也協助科學家能進一步釐清：地理空間、人流與疫情間的連動關係，從而能夠更細緻地規劃防疫策略。在前述的案例中，這些由「眾外」機制所產生的VGI，展示了巨大的科學應用潛力，除了帶給科學家許多深具啟發的研究成果，同時也重新定義了科學社群與一般大眾、科研提問與資料蒐集之間的關係，這些利用被動式VGI所進行的科學研究，雖不是本文所指稱之一般公眾主動且明確參與的地理公民科學領域，但也間接構成了一個類似地理公民科學的研究形式。

　　一般而言，地理公民科學的執行模式可以分為以下七種（Haklay, 2021），由於地理公民科學在邀請志工協助蒐集資料的同時，也會附帶記

錄該筆資料的空間位置，從而讓地理公民科學成為一種新興且重要的地理資訊生產媒介。

一、被動感測（passive sensing）

參與者擁有自己的感測設備（例如：微型氣象站、空氣品質感測器），並將感測數據提供給一個集中型的科學資料庫。這種地理公民科學主要是志工分享自有的資源及資料，以協助科學研究，對科學家所關注的議題並沒有主導權。在美國的公民天氣觀察員計畫（Citizen Weather Observer Program, CWOP）便是邀請志工透過無線電或網路分享自家簡易氣象站的數據，而這些數據經過科學家所設計的品質管控機制後，可有效填補官方測站所未能覆蓋的空間，並可與其他測站的數據進行整合成為一個大型的氣象觀測資料庫（Meteorological Assimilation Data Ingest System, MADIS），有助於細緻化氣象觀測與預警。一般而言，被動感測所產製的空間資料，多是在一個長時序且固定位置的空間資料，這種特性的資料在可經由空間內插或預測模型等演算法的協助，協助評估整體資料的分布趨勢，甚至能預測變遷。

二、志願運算（volunteer computing）

使用者提供個人電腦或智慧手機上的閒置運算資源，以協助科學家計算一個大型的科學模型。這種地理公民科學多數需要安裝科學家所提供的外掛軟體，但民眾對於整個運算內容及其背後的科學課題沒有主導權。原本志願運算的應用範疇皆是數學、分子生物學、醫學、天體物理學和氣象領域等大型運算模式，所以較少涉及地理資料的產製。然而，隨著大量的遙測影像釋出，及其在氣候變遷、土地利用，甚至在一些緊急的災害治理等環境課題的應用增加，以志願運算協助處理有大尺度、急迫性的遙測影像解析，也逐漸成為另一種可能的地理公民科學形式。

三、志願思謀（volunteer thinking）

這種地理公民科學主要是希望志工在閒暇之餘，可以協助指認或是分析一些空間性的科學材料。在這類的地理公民科學，主要是立基於分散式智慧（distributed intelligence）的概念；科學家會將一些無法機器判讀的圖像或文字，以任務或遊戲的方式分享志工，而志工則協助判讀資訊的內容。例如：Cyclone Center等地理公民科學計畫便是邀請志工協助判斷歷史衛星雲圖中的氣旋強度，以擴充現有的氣旋資料樣本。而科學家則是透過簡單的指引說明，介紹判斷的訣竅並簡化判斷的流程，而志工只需依序回答幾個問題，便可以完成樣本的分析與標記。此外，臺灣地球公民基金會的農地工廠回報系統 —— Disfactory，也是類似的志願思謀案例，志工只需透過類似網路遊戲的方式，協助比對五個地點的新舊空照圖，判斷影像的內容是：農地、建物、有無擴建或是未知（圖5-1），便可以協助系統建檔可能的違章農地工廠。透過大量的志工參與，基金會便可以在同一筆農地建立多筆參考資料，選出高風險的農地，並前往現勘與拍照，若確認為違章工廠便會直接檢舉。

近年來，隨著機器學習與人工智慧的演算工具逐漸開始進入地理資訊

圖 5-1

Disfactory
的判斷介面

資料來源：農地違章工廠回報系統貢獻者（無日期）。
註：彩圖請見附錄彩頁，頁193。

科學的領域，透過適當的訓練資料與演算法的結合，電腦就可以自動判斷土地利用的類別或是環境的變異。所以，大量的地景／地貌的樣本標記資料，就是這些新興演算法的重要基礎，所以志願思謀這種公民科學形式，未來可能會更加活絡，並促成更多自動化的空間資訊產製。

四、環境與生態觀察（environmental and ecological observations）

這是最常見地理公民科學型態，特別是近來智慧型手機普及，許多地理公民科學便嘗試整合手機內部的感測器（例如：鏡頭、麥克風、陀螺儀…等），建立高效率的資訊蒐集機制，例如：eBird、iNaturalist…等App，便是以此為基礎拓展其資料蒐集的量能。此外，因為志工本身的資訊能力與網路通訊的條件都較好，所以也會在社群媒體中彼此分享／檢核彼此的調查成果，甚至主動協調分工，以增進調查的效率。在這種地理公民科學中，志工除了面對科學家之外，也有可能跟其他志工合作及交流，從而促進自身對於環境與科學議題的認識。整體而言，環境與生態觀察的地理公民科學模式與志工的生活形態最接近，志工只需安裝App便可以在日常生活中，「隨機」協助蒐集物種分布的資料，以及協助空間資訊的產製，所以這種公民科學常被歸類為機會型計畫（opportunistic scheme），志工無須特定的物種判釋能力，只需掌握簡單的工具或是熟悉資料上傳的流程，便可以成為資料的提供者，而後端則由專家社群協助資料的判讀。機會型的計畫能快速擴大志工的數量，並大量累積物種的時空資料，然而，機會型計畫因較難記錄取樣的相關數據，所以較無法適切評估調查數據的偏差值或雜訊，在後續的科學分析應用上亦有許多的顧慮。此外，在部分機會型的地理公民科學中，許多志工喜歡關注稀有種，反而常會忽略普遍存在的物種，而這種狀況雖有助於追蹤特定珍貴物種的時空分布，卻也造成資料蒐集時的失真，不利於後續的統計與空間分布推估。

五、參與式感測（participatory sensing）

這種地理公民科學與上述的被動感測最大的差異在於，志工對於資料蒐集的過程有更多的主控權，除了以科學設備協助蒐集資訊外，甚至主導感測器的布建位置，並參與資訊的分析。因為面對大量且長時序的感測資料，科學家並無法確認許多數值的起伏是因為何種環境因素所造成，所以志工們在現地的觀察及經驗，亦成為科學家在解析資料／降低偏誤時，所不可或缺的材料。參與式感測的特色是志工擁有感測設備使用的主導權，甚至有可能會依照其關心的標的（例如：室內空氣品質、室外污染源）去設置感測器，以取得可供自身參考的數據。所以，參與式感測的資料類似被動感測，都是固定地點且長時序的監測數據，同時，也會配合相關的資料演算法去確認／篩選資料的品質；以空氣盒子（AirBox）計畫為例，就有使用者會將其裝在室內或是污染源附近，所以科研團隊會以演算法評估資料的時空趨勢（例如：周邊數值高時，某感測器數值卻一直在低點，那這個感測器就可能是被裝在室內），並給予評等，藉由室內、室外與靠近污染源等註記，讓後續的分析研究者能夠有更多的參考依據。

六、社區／社群科學（community/civic science）

這種地理公民科學與前述幾種最大的差異在於，由民眾主動提出需要關心／有意義的科學議題，並尋找科學家合作，彼此協力解題。在許多受到環境污染社區，居民已經對初步的污染狀況有所觀察，甚至已假設出可能的污染源及模式；所以，在課題清楚的狀況下便會尋找科學家合作，共同以科學的研究方法去驗證假設並尋找答案。在無尾港水鳥保護區的高程監測案例中，社區就因為觀察到濕地的陸化狀況日益嚴峻，所以開始與科學家合作，進行保護區水底高程的監測，希望藉由小尺度、高解析的空間資料，釐清水底的地形與淤泥，從而協助社區決定後續的清淤策略。

所以，社區／社群科學的空間資料生產，大都是問題導向且與在地脈絡結合，雖然調查的範圍可能不是很大，但是可以藉由在地社區／社群的協助，以大幅提升資料的空間與時間解析度，許多資料的品質也都是由在地居民共同把關，甚至會包含很多其他的環境背景知識，例如無尾港的水底高程監測資料，就包含有很多地下湧泉的位置以及志工小時候玩水的經驗。而這些資料雖不是先前規劃的調查內容，但是對於後續的資料解析以及經營管理規劃，都具有重要的貢獻。

七、自助科學（do-it-yourself [DIY] science）

在這種地理公民科學中，志工提出創新的設備與方法，並自我組織以探索科學問題並尋找解方。志工多是帶著一個既有的研究課題，並透過公共的科學平台去尋找工具或伙伴（例如：開放技術和科學公共實驗室，https://publiclab.org/），且志工本身的能力要求極高，甚至要能自我組織研究方法及解析資料，所以科學家多扮演從旁輔助的角色。在臺灣空氣盒子的案例中，我們也看到志工社群中會出現創客（maker）的角色，去協助感測設備的開發與製作。這些創客除了協助設計與開發感測器，甚至會協力合作建立資料傳輸的標準以及資料庫，讓不同型號的感測器都能夠將資料上傳到同一個資料庫，並以開放地理資料的方式進行共享，詳情可參閱PM2.5開放資料入口網站（https://pm25.lass-net.org/）。甚至也會有其他的創客，利用這些開放的空品感測資料進行二次創作，以讓更多的公眾可以系統性地瀏覽這些調查成果資料；以紫豹在哪裡（https://purbao.lass-net.org/）為例，便是將空氣盒子的資料逐日彙整成網格資料，並透過東西南北四個空間相對位置記錄該日的空污分布，使用者可以針對特定日期進行檢索，甚至可以利用時間軸回溯該日的空污分布網格，並結合風向、交通與電廠等資訊，進行空污擴散趨勢的比對（圖5-2）。

圖 5-2

紫豹在哪裡的操作界面

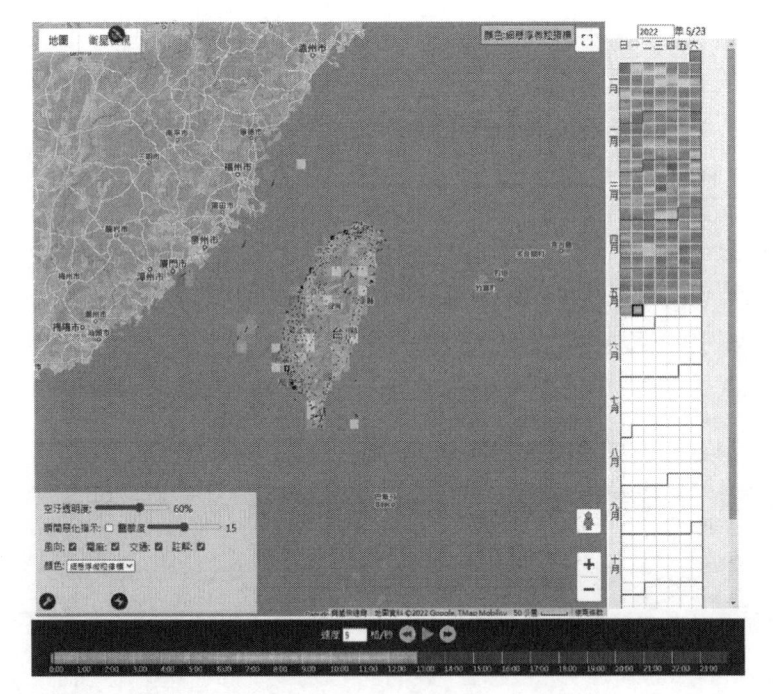

資料來源：黃維嘉（無日期）。

第三節、GITs 如何影響公民科學的運作

　　前述的各種地理公民科學，都是透過GITs與公民科學的整合，開拓調查的量能，同時也產製了許多不同特性的公民地理資訊；在這些多元的地理公民科學形式中，志工有可能是只是參與某個群眾外包（crowdsourcing）的計畫，單純地協助科學家蒐集研究資料，並不會介入後續的資料分析。然而，亦有志工在接受某些基礎知能訓練後，去貢獻自己的智慧（intelligence），協助科學家辨識與確認資料的內容，甚至以自身的經驗觀點，去判讀／詮釋資料所呈現的趨勢。此外，隨著志工「參與」程度的差異，也有可能在問題界定、方法設計與成果解析等科研程序上扮演越加重要的角色，甚至與科學家形成研究夥伴的關係，希望以科學研究的成果去驅動環境政策的推展。

GITs的應用，拓展了公民科學對於蒐集與應用空間資訊的能力，並促成地理公民科學的發展。然而，GITs的應用如何協助公民科學在科學（science）、社會（social）與政策（policy）等面向上產生效益，仍有許多值得探究之處。此外，如何在VGI與公民科學的雙重特質中，釐清地理公民科學的特徵與應用潛力，亦成為我們討論地理公民科學時的重要前提。因為VGI已在前述章節討論，所以本章會聚焦在地理公民科學的議題，集中在GITs對於公民科學程序所造成的影響及效益。

　　一般而言，科學研究的程序大多依循：問題假設、研究設計、資料蒐集、資料解析，以及成果傳播等五個程序；在傳統的科學研究中，這五個程序皆是由科學家所主導與執行，並以嚴謹的程序確保研究成果的品質。接下來，我們將進一步說明地理公民科學的方法與資料，如何影響現有的科學研究程序，從而連結科學知識的生產與實質環境的治理。

一、議題建構與假設提出

　　建立研究課題的假設，是科學研究的第一步。而GITs的介入讓科學家能夠利用「空間」的面向，去解析問題的樣貌與趨勢，並藉以提出新的議題創見與研究假設。

　　首先，具有空間特性的地理公民科學資料，藉由GITs的再現及轉譯，可促使科學家從中提出新的問題觀察與假設；路殺社是臺灣地理公民科學中的重要案例，它的計畫目標是希望邀請各地的志工記錄動物路殺（road kill）或是中毒死亡的發生位置，並彙整成為一個具有空間特性的物種資料庫，這個路殺資料庫除了協助科學家瞭解道路開發對於野生動物棲地的衝擊外，甚至也成為政府監控疫病和環境用藥的重要參考指標。在路殺社與農業部家畜衛生試驗所[1]（以下簡稱家衛所）的合作案例中，研究單位藉由路

---

[1] 現更名為獸醫研究所。

殺社志工所提供的資料與檢體樣本，大幅擴張原有的專家資料庫內容，甚至藉由大量路殺檢體，回溯傳染病分布的時空區間，有效提升疫情調查效率。此外，這些具有空間位置的資料，也協助家衛所能藉以發現新的疫區，並評估其擴散程度。從最近的案例中顯示，家衛所的研究人員從路殺檢體中發現臺灣狂犬病的疫情有移動擴散的趨勢，所以便與路殺社合作，啟動疫情前沿區域的地理公民科學調查，希望能及早掌握整個疫情的擴散趨勢。

其次，GITs的導入，連結了調查樣本的位置與周邊環境，協助科學家發現新的議題熱區。在「失落的瓢蟲」（Lost Ladybug）地理公民科學計畫中，研究團隊募集來自全國的瓢蟲照片，希望藉以追蹤各地的瓢蟲分布與棲地狀況。而志工所貢獻的照片中，甚至出現了稀有的瓢蟲物種，也因此啟發科學家進入其棲地，並進行後續的深入研究。而臺灣的蛾類地理公民科學計畫「慕光之城」，也有類似的狀況；研究人員從志工上傳的照片中，發現罕見的黃條天蛾（*Leucophlebia lineata*），並從而讓研究人員前往照片拍攝地（臺中大肚山區與苗栗山區），希望進一步瞭解其棲地環境特徵以及物種的基本生態。

最後，GITs的應用，也會促成科學家及志工重新檢視未知的區域甚或重新組織課題。以臺灣空氣盒子的PM2.5的參與式感測計畫為例，便是透過公眾認養微型的空氣品質感測器，以共同建構一個跨區域的地理公民科學監測網絡。為了進一步讓有興趣參與的志工加入布建的行列，空氣盒子團隊也利用了維諾圖（Voronoi diagram）的演算法，呈現個別空氣盒子的勢力範圍。其概念是以鄰近的兩個空氣盒子或測站間，取一條中心線，透過不同方位的中心線結合成一個多邊形，而這個多邊形就代表了該空氣盒子所負責監控的空間範圍。這樣的作法原先只是協助評估每個空氣盒子監測面積的差異。然而，勢力範圍圖也讓許多關心空氣品質的市民，瞭解到自己的住家位置與哪一個空氣盒子較為相關，甚至主動評估監測範圍的缺漏處，並針對某些負責範圍過大的空氣盒子，在周邊尋找可能的認養人及布建點，以完善整個PM2.5的監測網絡。同時，部分市民團體也在某些潛

在污染源（例如工業區）附近，嘗試以公民認養的形式，建構一個區域性的監測網絡。在這個過程中，GITs除了協助研究團隊能評估各測站點的資料可用度，也協助在地的行動者能有效規劃其監測行動，甚至讓兩者間形成一種互補性的夥伴關係；民間行動者協助改善測站在空間的完整性，促進了研究單位後續資料應用的信效度，而高品質的資料成果也讓民間的行動者更能掌握區域性的污染趨勢，達成雙贏的目標。

二、研究方法設計與資料產製

　　許多地理公民科學計畫都嘗試提供志工一個App安裝在智慧型手機，志工只需要並依照App的指示，輸入特定的資料內容，就可以協助科學家蒐集資訊。一般而言，App多數會與手機內部的GPS或網路地圖結合，以獲得該筆資料的空間位置，從而擴充該筆資料在科學研究的可用性。這些便利的GITs應用，除能拓展資料採集的豐富度與便利性，同時也會進一步影響公民科學的研究設計。

　　首先，物種或事件被發現的時間與空間位置，是科學資料分析時的重要基礎參數。所以，許多地理公民科學多數是透過志工及空間資訊工具，去擴增資料蒐集的量能；過去，受限於科學研究的人力資源，所以較無法掌握一些稀有物種或是突發事件的資料，特別是在一些人類較難觸及的區域（如：高山或是海洋），更是形成對於科學研究的挑戰。像是：中華鯨豚協會所推出的「Whale Finder 尋鯨任務」地理公民科學，便是邀請遊客、賞鯨業者與研究員能在出海發現鯨豚時，以App登錄鯨豚種類、數量、位置及天氣，以建立珍貴的鯨豚出沒時空資料。

　　此外，空間資訊科技的引入，也可以拓展公民科學資料的時空尺度；以特有生物研究保育中心[2]（以下簡稱特生中心）在2010年所舉辦「蝴蝶攝

---

[2]　現更名為生物多樣性研究所。

影記錄競賽」及「網路線上蝴蝶辨識競賽」兩項活動為例，便是以公民科學的概念邀請民眾提供蝴蝶照片並附註拍攝時間與地點（或是直接從照片的 exchangeable image file format〔EXIF〕導出）。這兩項活動，共有 144 位民眾參與，上傳 9,870 張具有座標位置的蝴蝶照片，記錄地點涵蓋了 181 處位置，資料範圍涵蓋臺灣全島、澎湖、金門和馬祖等地區（甚至有來自馬來西亞的資料），而資料時間最早則是 1980 年代；在 60 位網路志工的協助下，辨識出 9,725 張有效圖片、計 258 種蝴蝶，其中包含：鳳蝶科 26 種、蛺蝶科 106 種、灰蝶科 58 種、粉蝶科 29 種及弄蝶科 38 種，甚至包括過去未被調查到的保育類大紫蛺蝶；因活動效果良好，特生中心亦在 2011 年度、2012 年度持續辦理，總計 2 個年度共收集 21,940 筆具有時空特性的蝴蝶資料；這些資料數量已經超越特生中心所長期累積的專家調查數量，若以 100 平方公尺作為樣區的網格大小，這些公民科學資料約可代表 1,215 個樣區之生態調查結果。透過公民科學與空間資訊技術的協助，讓整個調查時間縮短，並能與現有資料庫中的分布區域進行比對及互補。

GITs 的輕量化與低成本化，促成其在研究應用的大幅增長，並協助公民科學得以探勘微尺度的時空資訊；以遙控無人機為例，便可以低成本的方式產製大量高解析的航拍影像與點雲資料，大幅增加我們取得地理資料的彈性。在逢甲大學所推動的「市民探針」計畫中，社區居民可以協助調查／拍照回報有可能發生水災潛力的地點，建構社區水患評估的地圖資料。同時，也能在大雨過後直接拍照通報已經發生淹水的地點，建構快速的交流、提醒機制，以降低災害的影響，並回報積水消退之後的狀況。而這種微尺度的空間資訊過去比較難取得，且常會受限於時間或天候狀況。

此外，過去科學家會將 GPS 記錄器安裝在候鳥、鯨豚或是臺灣黑熊的身體上，讓研究人員得以還原其移動路徑與棲地位置，從而能夠更具體地掌握牠們所賴以生存的環境特性。而近來美國的「貓咪去哪裡」（Cat-Tracker）公民科學計畫，則是著眼於家貓對於野生物種的威脅，所以邀請飼主在其寵物貓的背上安裝具有 GPS 功能的影像記錄裝置以協助科學家瞭

解家貓的活動範圍以及其所捕獵的野生動物，從而探討飼主能採行的防治措施以及棲地保育行動。

最後，GITs的引入，也可協助科學家以空間特質找出環境課題中具有代表性的重點樣區。以特生中心所推展的路殺社公民科學為例，便於2017年開始推動系統化調查，希望透過系統化隨機取樣、以相同頻率且固定樣線的方式全臺同步調查，以進一步獲得更具科學代表性的調查資料；這個方法是將臺灣劃分為1,440個5 km × 5 km方格，再以影響路殺的兩大因子「道路密度」（分高、中及低三個層級）及「七大生態氣候分區」定義所有方格屬性，在排除沒有道路通過的方格後，以分層隨機取樣方式挑選420個方格作為代表性樣區（圖5-3），並邀請各地的志工認養樣區。

在系統化調查的設計中，認養的志工需於方格內選定至少兩條長度大於3公里且分屬不同道路類型的樣線，於每年的1、4、7及10月各執行一次固定樣區、固定樣線調查後回報成果。透過系統化調查的施作，路殺社的研究團隊就能藉由同步取樣時間與人員努力量，從而提升地理公民科學的資料品質與可信賴度。

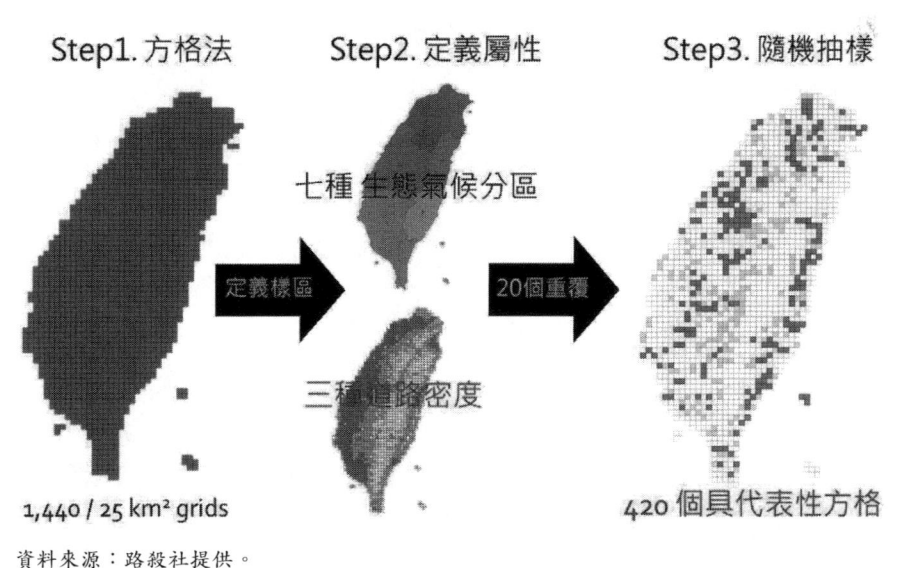

圖 5-3

空間資訊科技協助公民科學的系統化調查規劃

資料來源：路殺社提供。

三、簡化資料蒐集程序並確保品質

　　GITs介入公民科學後的另一個特色，便是可以讓調查志工不需具備專業的地理知能（例如：操作地理資訊系統[geographic information systems, GIS] 或GPS、在野外解讀地圖），也可輕易地產製空間資訊。隨著智慧型手機的普及，志工只需要在用手機拍照時打開GPS功能，照片的EXIF資訊中，就會自動記載拍攝的時間、焦距、快門速度、光圈與及座標位置，這些屬性資料隨著照片上傳至地理公民科學的資料庫後，便可以自動解析成座標數字，大大簡化了資料蒐集的複雜度。此外，假如拍照當時沒有記錄到GPS位置，志工也可從網路地圖指認拍照的位置或補充地名資訊；透過前述的程序，這些調查的照片或事件的紀錄，都能被快速地被賦予空間位置，從而提升資料的完整度與可用性。

　　此外，這些地理公民科學的資料建置成果，也可以作為另一個地理公民科學計畫的基礎，在擴增資料內容的同時，也能進一步促進公眾的生活品質。以德國非營利組織Sozialhelden eV所啟動的「輪椅地圖」計畫（https://wheelmap.org）為例，便是在開放街圖計畫既有的基礎上，邀請志工補充餐廳、銀行、商店、電影院、停車場、公車站等公共場所的無障礙設施與道路品質等資訊，並以不同顏色的圖例在地圖上標明「輪椅無障礙程度」，[3] 希望能協助身障人士能事先評估目的地的無障礙程度，也讓整個社會能更關注無障礙環境的發展。在輪椅地圖的案例中，開放街圖計畫以開放資料庫授權（Open Data Commons Open Database License, ODbL）[4] 模式授權了資料的使用與二次開發，而輪椅地圖則將相關的無障礙設施調查成果，回饋到開放街圖計畫的資料庫中，兩個計畫間形成一個雙贏的模式。

---

[3] 綠色＝完全適合輪椅使用者、橙色＝部分輪椅可通行、紅色＝不適合輪椅使用者。

[4] 本條款授權使用者可將開放街圖（OpenStreetMap, OSM）平台的資料運用在日常生活、導航、學術，甚至商業應用上。

因為，公民科學計畫較難限定志工調查的時間或區域，甚至志工也容易出現取樣偏誤（例如：只記錄特殊的物種或忽略常見物種），從而使公民科學的資料常被視為一種「隨機性」資料，所以如何處理資料的偏差值或雜訊，也是科學家在推動公民科學時的重點課題。然而，GITs的介入，也可協助公民科學計畫的主導者，掌握資料分布的偏誤狀況，甚至從中找出需要補充調查的區位。以2002年由康乃爾鳥類研究室與奧杜邦學會合作創立的eBird為例，民眾可透過在手機上安裝App，便可以將自己的賞鳥紀錄、照片與錄音檔上傳至網路資料庫，不但能夠記錄自己賞鳥歷程，也可以分享給科學家或是其他有興趣的民眾。eBird自2015年引入臺灣以來，便受到廣大鳥友的歡迎，[5] 截至2021年底已有超過4,500名使用者上傳賞鳥紀錄，並累積超過50萬份紀錄清單、超過550萬筆資料，同時也是「台灣生物多樣性網絡」（Taiwan Biodiversity Network, TBN）資料庫的重要資料來源。然而，eBird志工雖然已上傳了大量的鳥類觀測資料，但卻仍有許多地方仍缺乏調查資料，以致無法進行細緻的物種分布、豐度與時空變化／遷移的研究。所以，自2018年起，eBird Taiwan便透過舉辦「臺灣填空插旗大賽」，邀請志工針對在未曾有過紀錄的區域上傳賞鳥紀錄清單，從而填補缺漏的「地點」。這種類似「占領地盤」的遊戲，在一個月內吸引了122位賞鳥者共同上傳了3,882份清單，填補了3,179個1 km × 1 km未曾有過調查紀錄的網格。這種具有空間觀點的公民科學調查模式，補足了志工調查可能會出現的機會型偏誤，也從而提升了整體調查的覆蓋度。

　　基本上，「足夠的調查人員」是建立大範圍、長時序資料庫的基礎。然而，過去科學家多是受限於人力與資源，所以只能針對特定的樣區進行監測。公民科學的推動，讓一般志工不需具備物種鑑定能力，只要透過App就可填報表單並上傳照片至資料庫，而專業研究人員只需在後端的平台協

---

[5] 根據農業部特生中心的統計，臺灣eBird的賞鳥紀錄活躍度推升至全球排名第七，東亞名列第一。

助鑑定物種,並檢核資料的正確性。然而,隨著志工上傳數量的逐漸增多,研究人員的人力亦逐漸不堪負荷,所以許多空間分析的方法也開始導入,以協助公民科學的資料品質控管。以特生中心在2010年所舉辦「蝴蝶攝影記錄競賽」為例,便是與臺灣大學地理環境資源學系的蔡博文教授團隊合作,利用專家調查資料庫推演出特定蝶種的分布範圍,並以此範圍檢核民眾所提供的蝴蝶照片位置,從而建立起一個系統性的評估方法,讓蝴蝶的研究專家們可以排除大量的雜訊,並針對可能的新興棲地環境進行探索。

四、資料分析與詮釋

地理公民科學的應用,除了擴增調查資料的空間屬性,同時也讓資料得以使用空間分析的方法,去拓展其分析的潛力。首先,地理公民科學的資料可呈現事件點的分布型態(point patterns),並讓科學家檢視該地點的環境特質,從而探討該類事件與環境間的交互關係。在許多生物多樣性調查的領域中,科學家就可經由檢視志工所提供的調查資料,以瞭解目標物種的名錄、族群數量變化、棲地特性,甚至以此為基礎整合其他環境資料,以建立物種分布模型(species distribution models, SDM)。同時,許多研究也指出由志工所建構的調查資料,能與科學家產製的專業資料進行互補,甚至能有效提升物種分布模型的效能。以東華大學兩棲類保育研究室所推動的臺灣兩棲類資源調查資訊網(http://tad.froghome.org)為例,便是透過地理公民科學的方式迅速累積臺灣兩棲類數據,同時也藉由公民科學的資料去描繪及預測臺灣蛙類的分布,並在歸納各蛙種分布型態與棲地環境後,找出臺灣蛙類的生物多樣性熱區,甚至結合氣候變遷的模型,進一步推估未來氣候變遷的情境對於蛙類分布的影響(圖5-4)。

此外,在空氣盒子的案例中,我們可以看到研究團隊利用反距離加權法(inverse distance weighted, IDW)進行感測數據的空間內插,從而讓點狀的PM2.5數值演算成為面狀的分布。這樣的方式可以協助研究者更全

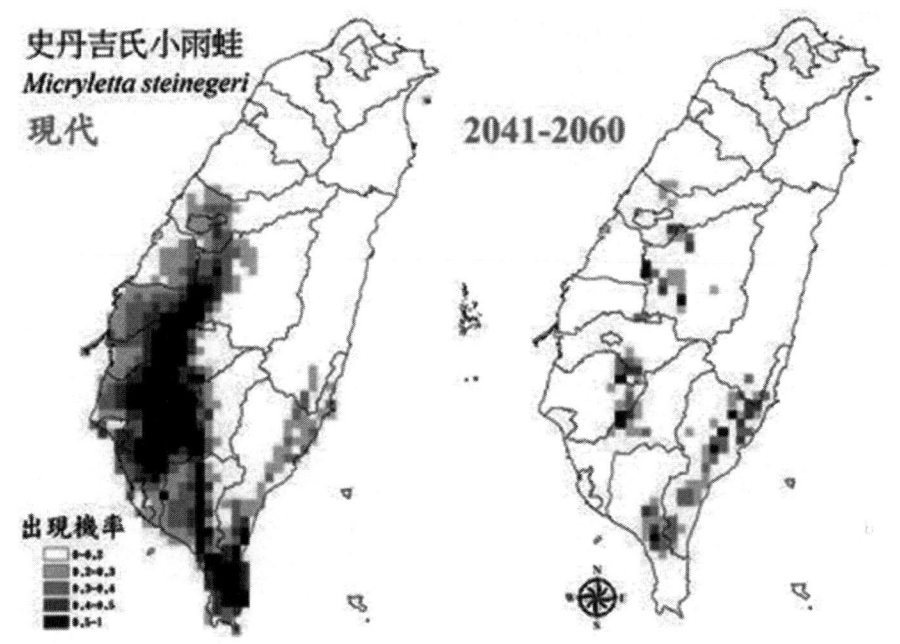

圖 5-4

東華大學團隊依照氣候變遷資料所推估的史丹吉氏小雨蛙分布變化

資料來源：龔文斌與楊懿如（2017）。

面地檢視空污分布狀況，並從而尋找過去尚未注意到的污染熱區，甚至能夠利用多時序的資料建構空污的動態圖像，檢視以往所未能覺察的空污擴散狀況，並獲得新的研究啟發。以2018年高雄彌陀區的塑膠原料廠大火為例，火勢從下午3點延續到深夜，並形成巨大的污染煙流隨風勢擴散，而空氣盒子的數據也開始出現跨區域的帶狀高值。為了讓煙流影響區域的民眾可以自我防護，所以空氣盒子團隊提供縮時空間內插影像，並透過風速／風向等資訊的套疊，歸納煙流的影響範圍與風向的關係（圖5-5）。

而地理公民科學資料在空間與時間的交互整合，也讓科學家能具體檢視以往難以窺見的大尺度鳥類遷徙歷程。以eBird為例，科學家就透過資料的時空特徵，以動態的方式重現了大尺度的鳥類遷徙路徑，[6] 進而探討地理

---

[6] 動態圖檔可參閱 https://www.allaboutbirds.org/bbimages/media/LaSorte_animated_Map_118species.gif

圖 5-5

空氣盒子透過監測資料重現了火災的煙流擴散

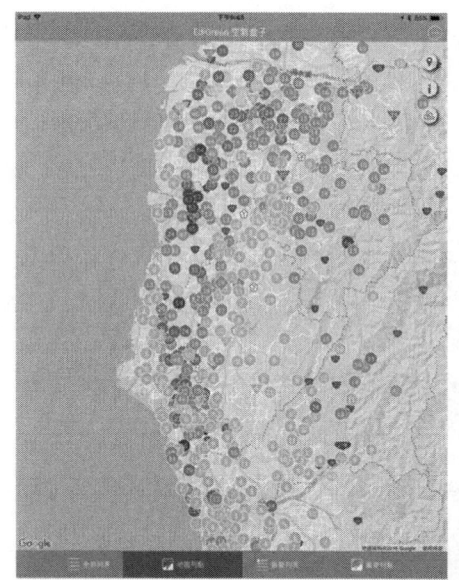

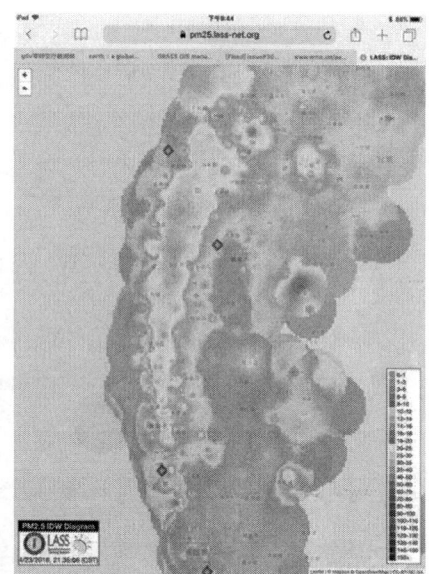

資料來源：LASS 提供。
註：彩圖請見附錄彩頁，頁 193。

特徵和大尺度大氣條件的結合，如何影響鳥類在春季和秋季的遷徙路線選擇。透過地理公民科學資料的高時空解析度，科學家能夠更細緻地掌握鳥類棲地的位置與出現時間，甚至將這些研究成果回饋到棲地保育的策略研擬中，也讓志工的調查資料能夠實質貢獻到生物多樣性的保育。

此外，如何系統性地評估志工所產製的「機會型資料」，是許多地理公民科學計畫的核心課題，而空間資訊科技的應用，也協助科學家能發展機會型資料的校準機制。以路殺社每季定期舉辦的系統化調查為例，就讓研究團隊可以利用系統性的調查數據去校驗一般志工所提供的「機會型資料」，並利用空間特性進行資料的解析與比較，從而更明確地掌握路殺事件之分布與空間特質的關聯性。甚至，路殺社也與捷克的交通部運輸研究所（Transport Research Center, CDV）合作，利用團隊開發之STKDE+路殺熱點分析軟體，歸納相關的路殺事件與環境因子，從而提出全臺131個容易發生路殺的熱點路段資訊（圖5-6），並以開放資料的型態釋出，讓民間的導航公司能將其納入到導航資料庫。

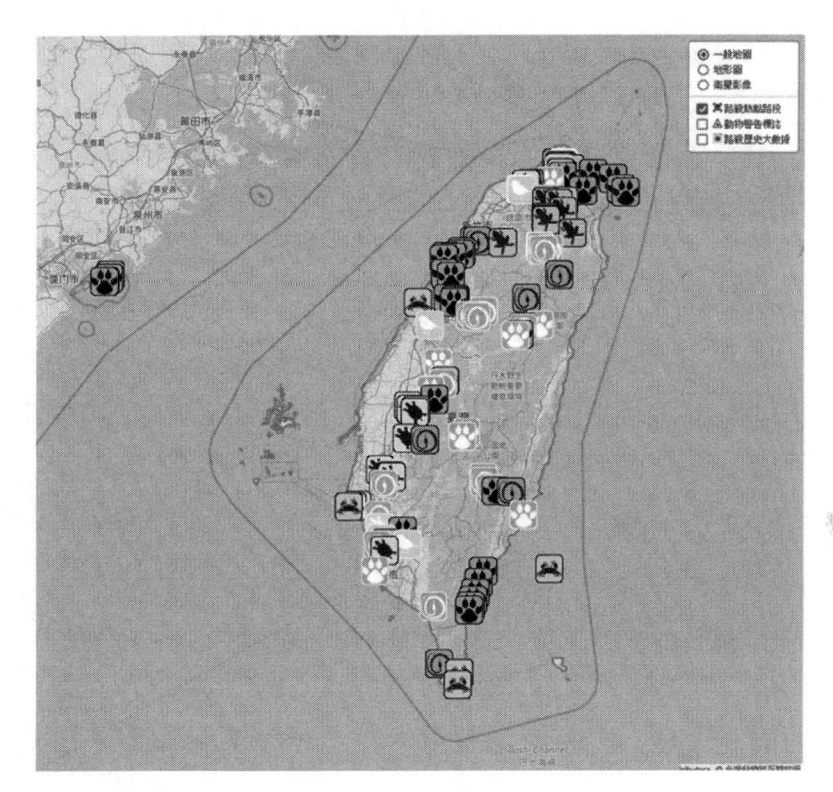

圖 5-6

以數位地圖展示全臺容易發生路殺的路段資訊

資料來源：路殺社提供。

五、結果呈現與傳播

　　空氣盒子是由環境感測器網路系統（Location Aware Sensor System, LASS）的創客社群與中研院資訊科學所於2015年所共同合作研發的微型空品感測器。空氣盒子訴求以公眾參與的方式建構一個PM2.5感測網，並希望藉由這些來自生活環境的空氣品質資料，協助民眾認識生活環境中的空污問題，並採取相對應的行動。截至2021年底，在公私協力的布建機制下，臺灣空氣盒子的數量已經超過11,000台，並建構了全世界最大的微型空品感測網（Mahajan, Luo, Wu, & Chen, 2021）。

　　然而，如何將繁雜的「感測大數據」轉化成為民眾有感的「空品資訊」，並藉以推展一個開放的空污治理對話，亦成為計畫推動時的核心挑

戰。所以,在感測網路初步建置完成後,研究團隊除了以開放資料的模式釋出感測成果,並嘗試建立即時數據儀表板(dashboard);一般民眾不需要具備資料處理能力,也可以直觀地檢視即時的PM2.5以及溫、濕度資訊,同時該儀表版也將過去24小時的資料轉化成為折線圖,讓民眾瞭解空氣品質的變化(圖5-7)。隨著空氣盒子的資訊開始進入大眾的視野,許多民眾也反映環保署是以 0.5 × 前12小時平均值 + 0.5 × 前4小時平均值的延時(duration)平均公式,去計算並發布PM2.5的監測資料,而這樣的計算方式與民眾在生活環境中遭遇的「瞬時PM2.5濃度」存有落差,容易錯失自我防護的時機。所以,空氣盒子團隊也以美國環境保護署"Sensor Scale Pilot Project"的研究成果為基礎,以特定顏色呈現PM2.5的瞬時濃度值,並提出相對應的活動建議,希望可以提升市民的空污防護效率。

同時,該系統也提供「不同裝置數值比較」以及「單一裝置在不同日期的比較」等資料呈現模式(圖5-8),降低一般使用者檢視資料時的技術門檻。使用者可以隨意組合這些描述性分析,以驗證自己對於生活尺度空污的假設,從而逐步掌握日常生活中的空污樣態。

因為空氣盒子的布建密度非常高,且每5分鐘取樣一次,所以為了善用這個高時空解析度的監測資料,研究團隊也將感測資料進行空間內插

圖 5-7

前後期空氣盒子儀表板內容的比較

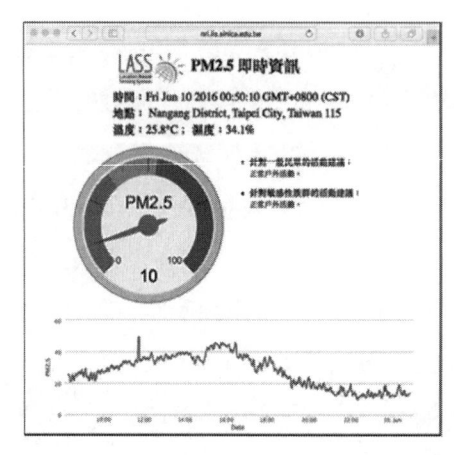

資料來源:LASS 提供。

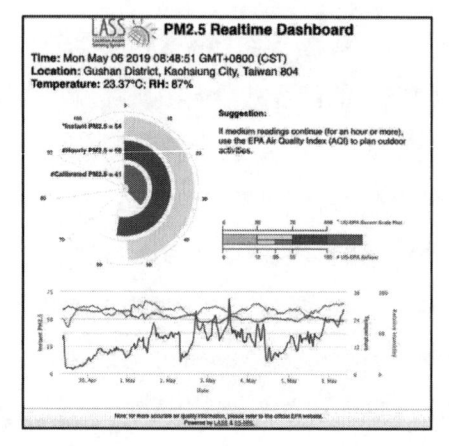

(data interpolation)，並藉由地理視覺化的方式，讓使用者可以一目了然地掌握空品的動態變化（圖5-9）。這種方式可以呈現大範圍、連續性的空品變化狀況，也讓使用者可以瞭解生活中的污染事件（例如：跨境空污、火災或露天焚燒）在空間上的分布及影響，甚至儘早啟動自我防護。

六、連結環境經營管理行動

GITs賦予了地理公民科學數據空間特性，並使其能夠更具體地連結到實際場域的經營管理行動，所以本段落嘗試以路殺社的成果應用為基礎，討論地理公民科學的成果，如何能夠促成更有效的資源分配與治理。

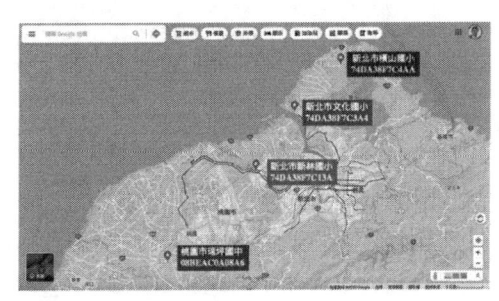

圖 5-8

使用者以不同位置的感測器比較空污的爬升曲線以瞭解擴散速度

資料來源：LASS 提供。
註：彩圖請見附錄彩頁，頁 193。

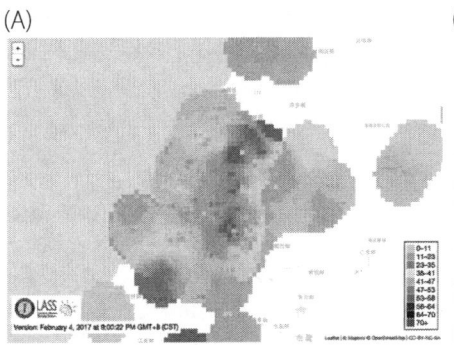

圖 5-9

(A) 民間祭祀所產生的短期空污；(B) 跨境空污由北至南的擴散軌跡。

資料來源：LASS 提供。
註：彩圖請見附錄彩頁，頁 194。

（一）案例1：毒蛇鼬獾咬傷救急資訊站

本系統為衛生福利部疾病管制署（以下簡稱疾管署）、農業部動植物防疫檢疫局[7]（以下簡稱防檢局）、特生中心、路殺社等單位合作參與第一屆總統盃社會創新之原型服務，其概念是源於本國每年約1,400位民眾遭毒蛇咬傷，平均醫療資源支出超過千萬臺幣，且造成病患肌肉萎縮、復原緩慢及心理創傷等身心靈影響。此外，著眼於2013年起在東部、中南部多次檢出狂犬病陽性動物，人類被狂犬病動物抓咬傷後，若無即時治療，一旦發病，病患致死率為百分之百。此兩類動物抓咬傷皆會造成民眾生命財產的重大損失。儘管民眾對毒蛇、狂犬病有初步認識，但對基本出沒地等資訊並不清楚，亦不清楚如何找尋醫療資源；疾管署嘗試與路殺社合作，藉由其資料庫中的路死鼬獾（含狂犬病篩檢成果）及蛇類時空點位資料，供疾管署結合全臺醫療院所資料庫，建置「毒蛇鼬獾咬傷救急資訊站」（網址https://bites.cdc.gov.tw，已於2019年4月2日上線供民眾使用），以及抗蛇毒血清合理分配之參考依據。相關成果網站如圖5-10所示。

（二）案例2：路殺預警系統

本系統是由交通部公路總局（中部地區友善道路改善計畫）、特生中心與中興大學機械系及AI新創團隊DT42所合作開發，其概念是依照路殺社資料庫中食肉目野生動物數據找尋重要的動物路殺熱點路段，同時結合標的動物AI辨識、生物圍網、聲光波緩速系統及警示用路人的資訊可變標誌（Changeable Message Sign, CMS）交通資訊看板等設施，建構一個自動化動態的「路殺預警系統」，希望用以協助「用路人緩速警示」與「生物緩速功能」，讓路殺事件減少以維護生態保育，同時也進一步保障用路人安全，相關系統運作概念如圖5-11所示。本套的預警系統是世界首創，

---

[7] 現更名為動植物防疫檢疫署。

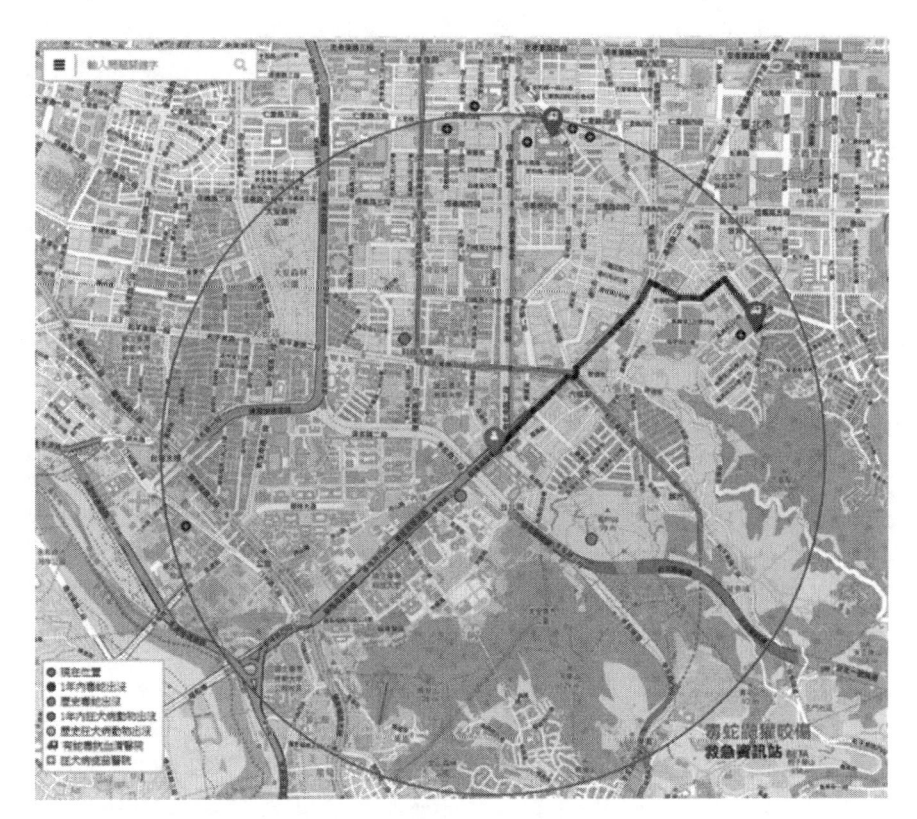

圖 5-10

毒蛇鼬獾咬傷救急資訊站的網站運作畫面

資料來源：疾管署、防檢局、特生中心與路殺社（無日期）。

除整合多元的研究領域成果，亦是現階段政策創新應用的典範，並於2019年5月27日在苗栗卓蘭的台3線路段正式上線運作，且由數位錄影資料證明已成功阻止多次食肉目野生動物（主要標的物種為石虎、白鼻心和鼬獾）被路殺的威脅。

（三）案例3：民間加值應用

近年來，特生中心與路殺社研究團隊，嘗試將耗時8年所匯集的16萬筆動物路殺時空資料，歸納出131個動物路殺好發路段，並以公私協力的概念，提供給民間企業開發應用。目前與「聯傑創新股份有限公司」合作開發之「Omnie CUE道路情報通 App」（包含Android及iOS版本），已

圖 5-11

路殺預警系統運作概念

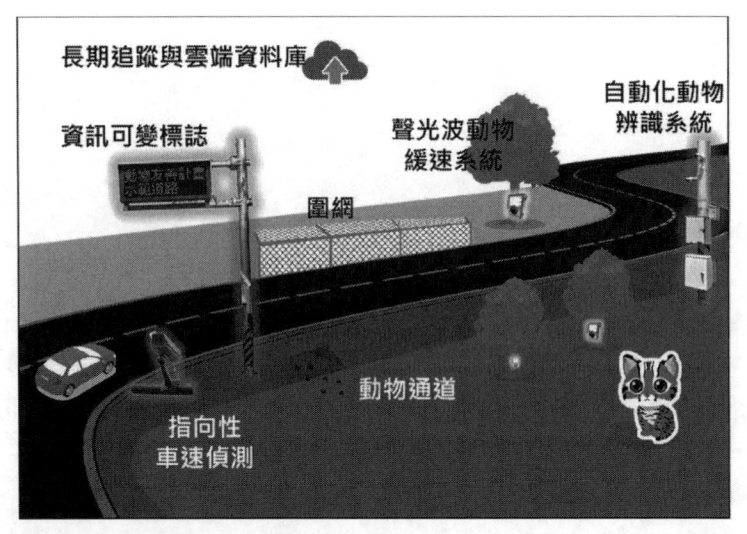

資料來源：第二處養護工程處（2021）。

於 2019 年 8 月底上架供民眾免費下載使用，該系統整合路況即時情報與路殺熱點警示的功能，可作為汽車抬頭顯示器，透過語音播報的方式，協助駕駛人在行經重點路殺路段時，能減速慢行以減低可能發生的路殺事件。此外，勤崴國際科技股份有限公司亦將相關資料，納入其「樂客導航王全3D」App中（約有六百五十萬用戶），成為全球第一個設有「路殺預警提示」的導航軟體，當駕駛行經路殺熱點路段時，系統會顯示預警語音和圖片，提醒駕駛要注意前方路段，或是於路線規劃時，即先行避開路殺熱點路段。相關應用成果畫面如圖5-12所示。2020 年 7 月則新增了國際航電股份有限公司合作應用於 Garmin 導航系統，並於 2021 年 5 月圖資更新後上線該項服務。

七、連結志工動員與環境治理

許多地理公民科學的執行成效都仰賴於志工參與的積極度，因為志工在參與的過程中，需要貢獻個人的時間、精力、資源和金錢，甚至許多志工也期待透過這些地理公民科學的調查與分析，能夠改善生活環境的品

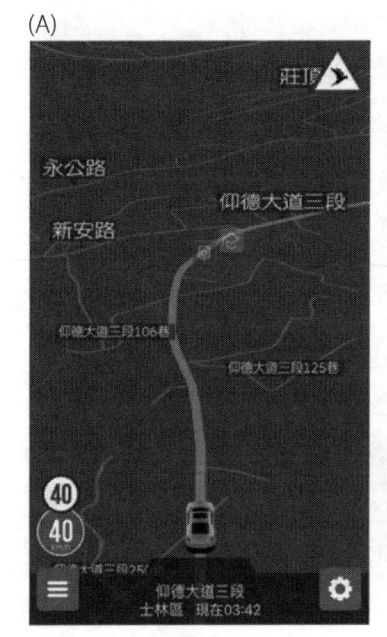

圖 5-12

路殺資料於相關App之應用(A)樂客導航王；(B)交通情報達人。

資料來源：陳璽安（2019）。

質。所以，如何理解志工參與地理公民科學的動機，甚至釐清GITs的應用對於志工參與動機或積極度的影響，也是地理公民科學所需要關注的重點之一。

一般而言，志工參與公民科學的動機可分為：自我價值、學習、社會互動、休閒或自然與生涯等五個面向（Wright, Underhill, Keene, & Knight, 2015）。其中，（一）價值：志工對公民科學計畫願景的認同，或是希望透過計畫參與以實踐／提升個人價值；（二）學習：參與者增加個人的知識與技能，或是希望增加對某些科學議題的認識；（三）社會互動：因為朋友邀請或是想藉此拓展社群網絡；（四）休閒或自然：關心生態環境及保育，希望貢獻個人心力及知能；（五）生涯：需要獲得志工或是進修時數，或經由志工服務來發展其生涯。而空間資訊科技在公民科學的應用以及成果轉譯上，亦能對應前述的五種志工參與動機。

地圖除了是重要的資訊傳遞介面，同時也能扮演一種動員志工的媒

Chapter 5　地理公民科學　153

介;首先,當志工看到自己所貢獻的調查資料被轉化在地圖時,都會深受感動,甚至當這些詳實且易於傳遞的成果資訊,受到其他親友或公眾的讚賞時,都能激勵志工持續參與公民科學的心態。此外,當志工透過地圖介面,瞭解調查標的物種或事件的空間分布(特別是一些生物多樣性),及其與自身的空間相關性,亦會促成其地方認同的提升,並願意更積極投入保育行動。甚至,許多志工因為實際參與公民科學調查,增加了其對地方情勢與環境背景的理解,從而成為某種「地方專家」,而其所掌握的調查經驗與成果資訊,更使其在許多公共議題上具有更多的發言權與影響力。

公眾參與是現階段環境治理的核心概念(請參閱公眾參與地理資訊系統〔public participation GIS, PPGIS〕章節的論述)。在地理公民科學的執行概念中,志工在參與科學研究的同時,也成為環境資料的生產消費者(prosumer)(Tapscott & Williams, 2008);這些志工因為參與地理公民科學,成為了環境資料的產製者(producer),同時許多志工也是資料的使用者(consumer),經由這些環境資料而更加瞭解生活環境中的問題,從而提升了志工們的環境意識與行動。因為地理公民科學同時也著重公眾參與及空間資訊等兩個面向,所以當我們把地理公民科學應用在環境經營管理的課題時,亦會出現類似PPGIS的效益,甚至能夠提升公共事務的執行效率。在希臘Thermi市的ImprovementMyCity[8]地理公民科學計畫中,便嘗試融合GITs、公眾參與及公私協力等多重概念,希望在地方政府與市民團體間創造了一個新的互動形式。ImprovementMyCity是一個讓市民回報市政問題的開源網路平台。它希望建立一個公私協力的機制,讓居民或遊客只需透過手機App,即可具名在地圖上回報問題,如:積水坑洼、路燈故障、人行道磁磚破損、非法傾倒垃圾、非法廣告……等狀況,而這些資料都會自動發送到地方政府的主管機關,除了即時立案進行監控或修復,也會定期跟市民回報處理狀況。此外,該平台也會將各種市民所回

---

[8] 請參見 https://mklab-iti.github.io/ImproveMyCity-Mobile/

報的問題，清楚地標示在城市的地圖上，讓其他市民也可以發表評論或投票，以確認問題的重要性與處理排序，或說明處理的滿意度，甚至負責處理的公務人員也會在平台上報告處理的細節（圖5-13）。

截至2019年第一季，全市約有12,000名市民提報了近五萬個問題，其中約有63%的問題已獲得解決，同時系統也發布了約七十五萬條的通知訊息，以讓參與討論的市民瞭解問題處理進度。隨著回報量逐年增加，ImprovementMyCity也透過空間資訊科技的協助，以地理視覺化的模式呈現問題的分布與密度，讓市府及市民團體都能掌握問題的時空特性與趨勢。在這個案例中，市民除了同時是市政問題的回報者與監督者，而市府則透過市民的回報及參與，掌握了更多且具體的問題狀況，同時也能透過網路平台上的投票與留言，瞭解其處置方式是否能達到市民的需求，甚至這種更為「透明」的施政模式，也提升了市民對於政府的滿意度，從而更願意參與公共事務。

此外，許多公民科學也多嘗試將其調查成果轉化成為環境教育的材料，除了希望能促進社會大眾對於科學課題的認同與支持，也吸引更多的志工參與調查計畫。「Whale Finder 尋鯨任務」的App中，遊客除了能夠

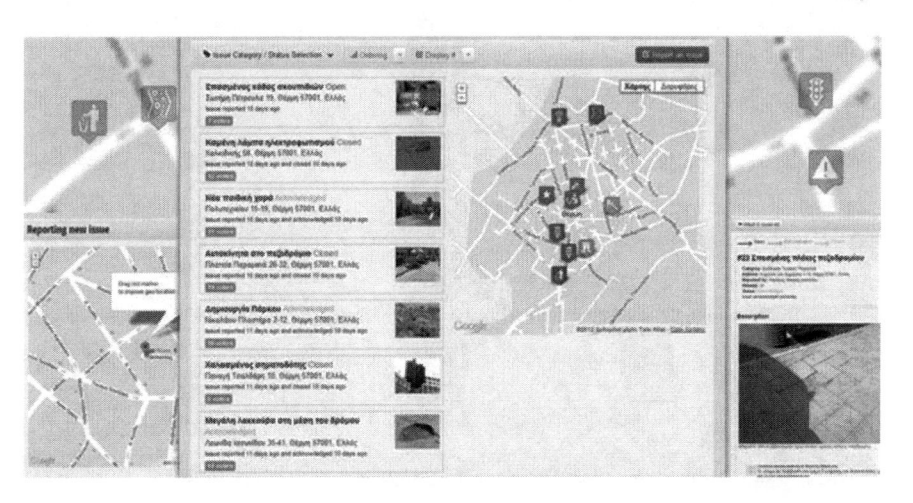

圖 5-13

ImprovementMyCity 的系統頁面

資料來源：Urban and Regional Innovation Research（n.d）。

協助登錄鯨豚出現的位置，也能藉由瀏覽鯨豚地圖，察看不同期間、不同鯨豚種類的出現位置，並以此為基礎認識臺灣的賞鯨地點、賞鯨業者、常見鯨豚與鯨豚行為、常見的海洋生物，賞鯨及參與公民科學的同時，進一步瞭解臺灣的鯨豚保育現況（圖5-14）。

第四節、結論

地理公民科學概念，整合了公民科學與多樣化的GITs，並拓展了公民地理資訊的來源與內涵。此外，地理公民科學中的「公眾參與」精神，也為地理資訊、科學研究、社會與政策間的互動，展現了更多樣的可能性，甚至提供了一個由下而上重組知識生產與政策研擬的機會；參與的志工除了扮演空間資料的產製者，更有可能隨著參與程度的提升，開始扮演地理知識的生產者，並以其知識內容重塑政策的研擬路徑。

GITs能與不同形式的公民科學整合，並且產製大量的空間資訊，這

圖 5-14

Whale Finder 尋鯨任務的操作與資料展示頁面

資料來源：黃映嘉（2017）。

些空間資訊不只豐富了調查的內容，同時也拓展了我們對於課題的分析能力。此外，GITs的應用，也讓科學家得以拓展其研究方法的彈性，除了協助探勘新的課題面向，甚至能夠修補資料蒐集時的缺漏位置，並以資料的地理區位去確保其品質。同時，調查資料的空間特性與相關的空間分析方法，也協助科學家能以更多面向去進行資料的分析與詮釋。最後，GITs也協助調查成果的視覺化展示，擴大科學研究成果的傳遞（delivery）與溝通效益，讓更多的民眾及權益關係人能夠瞭解科學研究的成果，及其在地理空間上與我們自身的關聯性／相鄰性，從而提升研究成果的社會影響力，減低公眾、專家與決策者間的資訊落差，並促成更多的跨領域對話與學習。

同時，在本章的案例討論中，我們看到路殺社、空氣盒子等地理公民科學，以其詳盡的資料與成果為基礎，扮演科學與政策間的銜接介面；地理公民科學提供了詳實的資料與具體的分析成果，協助政策的研擬。同時，因為地理公民科學的研究成果都具有明確的空間屬性，所以能讓政策實施的空間範疇更精準，減少額外的資源浪費。此外，地理公民科學也在政策的成效評估上扮演重要的角色，在志工持續調查路殺與PM2.5時，同時也是在現場檢驗政策是否有達到預期的效果。最後，地理公民科學與政策的對話過程中，也可以促成政策資訊的「透明化」；在ImprovementMyCity的案例中，在市民舉報與政府立案處理的程序中，許多市政問題的責任歸屬（accountability）開始明確，且政府的處理方式也受到市民的監督與評價，而市民也因為自己在公共事務的「參與」而獲得更多的認同與信心，從而達成了賦權的效益。

最後，隨著地理公民科學的成果運用逐漸廣泛，其資料品質除了受到更多共眾的檢核，也開始出現被刻意竄改的狀況；以著名的地理尋寶遊戲Pokémon GO為例，其遊戲中的路網資料都是經由開放街圖計畫的資料庫轉化而來，許多的特色景點、地標、公園等設施都變成遊戲中的道場，甚至我們常「視而不見」的變電箱，也被轉化成為抓寶玩家的道具補給站。

然而，這樣的轉化卻也引起部分玩家的「歪心思」，這些玩家為了方便補給，便在開放街圖的資料庫中新增許多假的電箱資料，以讓自己在遊戲時可以方便補給。然而，這樣的作法不只影響了開放街圖計畫資料品質，也讓後台的管理團隊耗費大量的心力去檢核這些虛假資料，而這些狀況也反映了地理公民科學資料庫的脆弱性與風險。

參考文獻

Haklay, M. (2013). Citizen science and volunteered geographic information: Overview and typology of participation. In D. Sui, S. Elwood, & M. F. Goodchild (Eds.), *Crowdsourcing geographic knowledge: Volunteered geographic information (VGI) in theory and practice* (pp. 105-122). Dordrecht, Netherlands: Springer. doi:10.1007/978-94-007-4587-2_7

Haklay, M. (2021). Geographic citizen science: An overview. In A. Skarlatidou & M. Haklay (Eds.), *Geographic citizen science design: No one left behind* (pp. 15-37). London, UK: UCL Press. doi:10.2307/j.ctv15d8174.9

Haklay, M., Dörler, D., Heigl, F., Manzoni, M., Hecker, S., & Vohland, K. (2021). What is citizen science? The challenges of definition. In K. Vohland, A. Land-Zandstra, L. Ceccaroni, R. Lemmens, J. Perelló, M. Ponti, ... K. Wagenknecht (Eds.), *The science of citizen science* (pp. 13-33). Cham, Switzerland: Springer. doi:10.1007/978-3-030-58278-4_2

Mahajan, S., Luo, C.-H., Wu, D.-Y., & Chen, L.-J. (2021). From Do-It-Yourself (DIY) to Do-It-Together (DIT): Reflections on designing a citizen-driven air quality monitoring framework in Taiwan. *Sustainable Cities and Society, 66*, 102628. doi:10.1016/j.scs.2020.102628

Mueller, M. P., Tippins, D., & Bryan, L. A. (2011). The future of citizen science. *Democracy & Education, 20*(1), 2.

Saint-Exupéry, A. D. (1943). *Le petit prince.* New York, NY: Reynal & Hitchcock.

Skarlatidou, A., & Haklay, M. (2021). Citizen science impact pathways for a positive contribution to public participation in science. *Journal of Science Communication, 20*(6), A02. doi:10.22323/2.20060202

Tapscott, D., & Williams, A. D. (2008). *Wikinomics: How mass collaboration changes everything.* New York, NY: Portfolio.

Urban and Regional Innovation Research. (n.d). *Improve my city.* Retrieved from https://icos.urenio.org/applications/improve-my-city/

Wright, D. R., Underhill, L. G., Keene, M., & Knight, A. T. (2015). Understanding the motivations and satisfactions of volunteers to improve the effectiveness of citizen science programs. *Society & Natural Resources, 28*(9), 1013-1029. doi:10.1080/08941920.2015.1054976

農地違章工廠回報系統貢獻者（無日期）。**大家來找廠｜動手指拆工廠｜教學**。資料引自 https://spot.disfactory.tw/?utm_source=lp&utm_medium=intro&utm_campaign=default#/tutorial

疾病管制署、動植物防疫檢疫局、特有生物研究保育中心、路殺社（無日期）。**毒蛇鼬獾咬傷救急資訊站**。資料引自 https://bites.cdc.gov.tw/

第二處養護工程處（2021，6月18日）。**109年中部地區友善道路改善計畫成果報告**。資料引自 https://thbu2.thb.gov.tw/cp.aspx?n=4537

陳璽安（2019，12月25日）。**全球首創　導航 APP 增設路殺熱點提醒功能**。資料引自 https://www.apatw.org/project-article/11325

黃映嘉（2017，7月12日）。**成為一日鯨豚調查員　展開另類的海上冒險**。上報。資料引自 https://www.upmedia.mg/news_info.php?Type=5&SerialNo=20691

黃維嘉（無日期）。**紫豹在哪裡**。資料引自 https://purbao.lass-net.org/

顏寧（2020，10月8日）。**眾人之事眾人助之 ——「公民科學」靠鄉民救環境**。資料引自 https://ubrand.udn.com/ubrand/story/12116/4920425

龔文斌、楊懿如（2017）。運用公民科學資料進行臺灣蛙類監測。**臺灣林業**，43（2），59-65。

Chapter 6
地理媒體——

　　美國影帝湯姆漢克，在《讀報人》（*News of the World*）電影中，飾演一位南北戰爭結束後的讀報人，遊走於美國廣闊各地，每到一個小鎮就拿起數日或數月前的報紙，挑選新聞與居民分享報紙上世界各地的精彩新聞。居民們在忙完一天農活之後，繳上幾文錢到集會所聚精會神地聽著讀報人一字一句的內容，滿足對小鎮外事物的好奇心。電影中描繪的故事就是19世紀初期的狀況，當時的資訊流動如此的緩慢，每一件發生在自己未曾聽過地方的事情都是新奇，對生活空間以外的瞭解，是那數日或數月前的報紙。進入20世紀後，廣播、電視機的發展，讓資訊的傳遞不再是數日數月的消息，幾乎可以達到即時的傳播，1969年人們聚集在電視機前面看著美國人登月、看著台灣少棒在威廉波特取得冠軍，此時資訊的傳播有了前所未見的速度，隨著電訊傳遞能力也打破了空間的限制。McQuire（2016）以稀少性與固著性來描述千禧年之前人們接受資訊的方式，也就是說人們不得不移動到特定地方來接受或傳遞媒體資訊，例如要到客廳才能看有影像的電視、到電話機旁邊才能打電話與遠方的人聊天。然而，到了21世紀，資訊的生產與傳遞的方式，發生了決定性的變化，受到行動設備、網路及地理資訊系統（geographic information systems, GIS）的影響，媒體與日常生活的緊密融合，資訊也不止是文字與單方面的傳遞，而是人們與社會群眾不斷協作的結果，透過定位技術不斷生產具有空間位置訊息的相關內容，再與社群媒體結合進一步擴散與傳遞，構成一種新型態媒體，稱為地理媒體（Lapenta, 2011; Sui & Goodchild, 2011）。從廣義上來說，地理媒體涵蓋了任何提供空間參考的數位資訊或媒體，包括了文字性的空間描述、複雜的網路地圖和空間資訊，也包括了擁有位置服務的社群媒體平台。

今日社會與日常生活受地理媒體的影響很大，群眾不僅是媒體資訊的受眾，也是媒體資訊的生產者。科技與技術是地理媒體發展的重要基石，而人們對空間知識的渴求，對自身位置的探索，亦是地理媒體發展的動力。時至今日，當你在不熟悉的地方想要用餐時，打開Google地圖或是Yelp等美食評價行動應用程式（mobile application, App），搜尋附近的餐廳並觀看民眾給予的評價星數或評論，再選擇滿意的餐廳前往用餐。或者在週末時規劃輕旅行的景點時，會在Instagram搜尋景點的照片，透過民眾分享的照片來評估是否值得前往。這些過去透過書本、報章雜誌才能得到的資訊，如今可以透過電腦或手機，即時地看見周遭的餐廳、景點評價，不再需要購買一本美食餐廳評鑑來按圖索驥，僅需運用手機定位或網路地圖進行搜尋，就可以找到滿足自己條件的地方。地理媒體對我們的影響已經無所不在，管理空間資訊的GIS或地理資訊科學，如何與媒體融合成為地理媒體？地理媒體如何生產資訊內容？地理媒體如何影響個人或社會？又個人或社會如何受到地理媒體的影響？這些提問都是沉浸在巨量資訊時代的現代人必須思考且理解的，後續段落將進一步討論地理媒體的重要的議題。

第一節、地理媒體與 GIS

地理媒體所需要的空間與位置資訊，是屬於GIS處理的範疇，就空間資訊內容來說，現今地理媒體與GIS並不是涇渭分明的兩件事，相反地，地理媒體發展與GIS是密不可分的。GIS若僅就軟體的角度而言，不論是專業的商用軟體或是開源的免費軟體，均相當具有專業性，使用者須經過培訓與豐富經驗才能有效地使用，因此GIS被視為是一個專業的領域，是一個專家式的系統。從1980年代迄今，GIS的發展經歷「創新」、「商業化」與「開放和普及」三個時期（Longely, Goodchild, Maguire, & Rhind,

2015）。前兩個階段是推動地理資訊科學發展之基礎建構與專業應用的階段，而將GIS從專業、商業推向開放與普及的第三階段。朝向開放與普及的第三階段則與數位地球（Digital Earth）及易用的網路地圖發展有關。1998年當時美國副總統高爾提出建立數位地球的倡議後，強調以數值式方法記錄空間資訊並透過網路傳遞大量關於地球的空間知識給民眾，因此第三階段中，空間資料的開放與網路GIS的發展就格外重要。

2005年6月，Google Earth推出Keyhole Markup Language（KML）語言格式，是Google公司在2001年收購當初發展數位地球的公司Keyhole後，持續發展的程式語言。KML是個小型語言文本文件，能共享圖形並方便空間資料在Google Earth上傳遞。2005年8月卡崔娜颶風襲擊新紐奧良地區，群眾們在Google Earth上標記傳送相關的資訊，作為災情傳播的媒介，此次事件讓人們見識到標註空間事物在網路媒體上傳遞的重要性（Crutcher & Zook, 2009）。同年Google Maps開放應用程式介面（application programming interface, API）接口，Google公司並沒有像過去地理資訊軟體公司以收費的方式開始此服務，而是開放Google Maps上的數據，讓民眾在API上以特殊密鑰發送請求，讓開發者在Google Maps的基礎圖資堆疊自己的數據。透過這種方式，開發者不需要專門的GIS軟體，也不需要龐大的地圖資料庫，便能建立混搭（meshup）網頁的網路地圖平台（Geospatial Web, GeoWeb），讓網路地圖平台大量鑲嵌於網頁網站中。GeoWeb的應用降低民眾使用地圖的門檻，可以快速標示或呈現事物的位置，例如房屋仲介公司將售屋物件標示在網路地圖時，能呈現出物件的空間位置與相對關係，比起文字表現方式能提供更多資訊，更不用說網路地圖本身的空間搜尋功能。在這個時期，GeoWeb可以說是地理媒體蓬勃發展的前身，在一般網站上加入地圖平台提供大眾使用，成為一種風潮，因此許多網站成為混搭地圖的網站。GeoWeb涵蓋了公眾感興趣的各項主題，在食衣住行各方面帶有空間特性的資料都能找到應用案例。此外，隨著Web 2.0互動式網路技術與GeoWeb的結合，民眾不再只是在網

站上使用政府或公司提供的空間資料，而是更進一步成為資料的提供者，例如美食資訊分享的Yelp、大眾點評等，這些由民眾上網標註的資訊，成為許多具有空間位置的「使用者生成內容」（user-generated content, UGC），屬於前面章節所述的自發性地理資訊（volunteered geographic information, VGI）資料的一種類型，毫無疑問地，群眾們透過VGI的機制在網站地圖中標註與繪製，成為公眾向全世界傳播他們的發現的主要手段（Sui & Goodchild, 2011），而民眾也同樣依賴在網路地圖查詢鄰近的空間事物與內容，例如查詢鄰近咖啡廳位置與評價等，作為決策的參考。GeoWeb的發展，讓人們對地理媒體的依賴像滾雪球般地倍增。同時，傳統的新聞媒體亦注意到此現象，在新聞播報中加入更多的地圖來呈現空間資訊，也在網站中增設了許多網路地圖互動服務。傳統媒體意識到民眾對於新聞事件在地圖上呈現的接受度逐漸提高，將氣象預報從過去繪製的天氣圖，轉而增加衛星雲圖來解釋真實的天氣結構，許多新聞事件也透過地圖更容易表述新聞內容，例如利用網路地圖即時呈現選舉的結果，或是以地圖呈現戰爭的情勢。時至今日，傳統媒體已經大量運用地圖方式來報導新聞或向民眾講述新聞故事，試圖透過空間位置呈現，讓民眾將事件與位置產生連結，增加民眾的環境感知。例如2019年末起對全世界造成影響的嚴重特殊傳染性肺炎（coronavirus disease 2019, COVID-19），《紐約時報》（The New York Times）建立互動地圖，提供民眾查詢各地疫情的情況，也提供各式相關新聞與防疫指引。這些傳統的新聞業，也逐漸以地理媒體的方式提供更多的訊息。

　　當GeoWeb以網站方式成為空間資料創造與流通的重要媒介時，蓬勃發展的社群媒體亦逐漸取代傳統媒體成為民眾交流資訊的來源。社群媒體發展之初，是讓民眾廣泛交流日常生活的點點滴滴，然而手機定位的技術發展，讓基於位置的社群媒體服務逐漸興起，促進民眾位置感知（location-awareness），民眾在發文時，同時願意分享位置資訊，例如Foursquare起初發展的打卡技術（check-ins），便是一種向好友們分享空間位置的功能，

爾後引起社群媒體以手機定位來標註位置的風潮。社群媒體加入定位技術的打卡功能，是社群媒體空間化的過程，將社群中的事物從網路空間定位到真實的地方，如同是在GIS中應用過去新聞媒體業的5W：誰（who）？何地（where）？何時（when）？為什麼（why）？如何（how）？社群媒體的使用者（who）何時（when）在哪裡（where）打卡做了什麼（why or how），常常成為現今的新聞事件，這些具有空間位置的訊息，再透過網路快速傳播出去，使得傳統呈現空間資訊的GIS加速媒體化。空間化的社群媒體，比GeoWeb更深入民眾的生活，需要的技術能力更低，只要透過手機就可以進行位置標註，促進了大量關於空間資訊的生成，可以說，基於位置的社群媒體發展是推升地理媒體影響力的最重要原因。

地理媒體應是屬於GIS中一種獨特的類型，將現有的電子媒體、網際網路、基於位置的技術（或定位媒體）以及增強現實（augmented reality, AR）技術技術，以資訊技術整合在一起，其中與位置相關的技術是GIS的主要技術領域（Lapenta, 2011）。然而由上述的GeoWeb與基於位置的社群媒體來看，地理媒體是將媒體、社會實踐與製圖相互結合，其與專業化的GIS有相異之處。地理媒體呈現的空間位置精度與應用目的與專業化的GIS不同，雖然兩者均需要記錄空間資訊、需要空間資料庫及需要具備地理與地圖基本知識來建立空間資訊平台（Kitchin, Lauriault, & Wilson, 2017），然而地理媒體的使用者或資訊生產者，卻很少注意GIS中關於資訊架構與技術問題，而著重在資訊內容及媒體傳播方面，是讓媒體與GIS的融合成為地理資訊科學深入民眾生活且具有發展性的方向（Sui & Goodchild, 2011）。

地理媒體逐漸成為個人、社會與空間環境的中介（mediated）（Thielmann, 2010），它的發展與GIS、網路技術及行動科技密不可分，當社會圍繞著地理媒體的發展與實踐討論時，屬於地理資訊科學的地理空間技術、工具和資料結構也在不斷地發展，來因應地理媒體無時無刻的資料生產與應用。Ricker（2017）認為地理媒體帶給地理資訊科學更多的發展

機會與面向,隨著地理媒體內容的多樣化,讓地理資訊科學也呈現不同的發展階段(圖6-1)。雖然與傳統的GIS發展階段相似,但涉及地理媒體的GIS發展,需有更高效率、更準確或更多樣化的資訊分析與處理策略,例如第一階段中,空間資料多是由向量資料與網格資料所構成,傳統網格資料如航照、衛星影像等作為底圖的資料成本相當高,但隨著個人無人載具(unmanned aerial vehicle, UAV)的易用性與普及性提高,大量且流傳的網格資料成為地理媒體的內容也越來越多。第二階段的地理資訊,在傳統階段是資料收集、輸入及抽象跟概括化技術,在地理媒體階段,涉及GIS如何收集來自非專業收集的大量資訊,以及龐大、異構與多形式來源的資料如何正確且合理地成為地理資料。在第三階段中,地理資訊科學著眼在地理媒體的資訊儲存方式、分析與整合。龐大的地理媒體資訊,帶給我們人類前所未有的理解人類行為的大數據,然而單純的數據並不能說明一切,會因為我們收集與分析的方式,導致不同的結果,如何對數據進行正確的儲存、合理的分析與解釋,是這個階段的重點。在最後一個階段的資料傳播與展現,在地理媒體階段,已經與以往地圖傳播的方式有所差異,地理資訊如何融入媒體形式進行傳播,傳播的即時性、可及性等,都是重要的議題。

圖 6-1

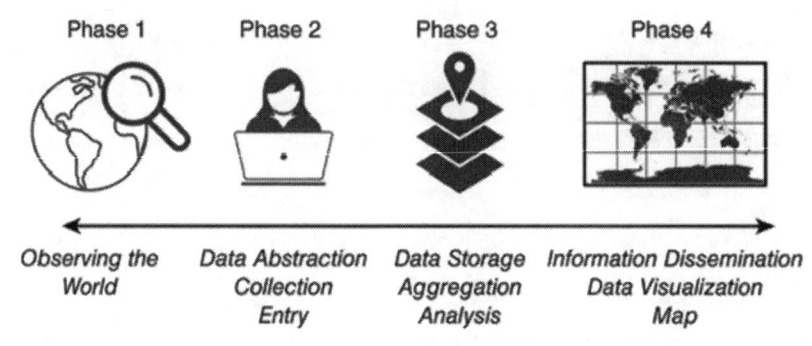

地理資訊不同的發展階段

資料來源:Ricker(2017)。

第二節、地理媒體與新地理學

在網路泡沫化之前（1995-2001），人們相信網路將結束真實世界物理與地理的限制，如同電子郵件一般，不再需要郵差長時間的傳遞，瞬間就能以光速將訊息傳達到收件者面前，天涯若比鄰的想像，讓人們相信「距離已死」（death of distance），也讓商業界彷彿看見一座虛擬金礦，前仆後繼地向前衝去，認為地理的限制不再這麼重要（Cairncross, 1997）。然而，網路的發展終究沒有跨過物理與地理的限制，泡沫終於破裂，達康（.com）網路的虛擬世界沒有滿足人們日常生活的需求，使得網路的虛擬世界是個平行宇宙，平行在真實世界之外。幾年之後，資通訊技術的進步卻又重新帶來另一副光景，此時最重要的關鍵就是將虛擬世界與真實世界聯繫起來的定位技術及位置服務，讓網路社會空間轉向（spatial turn），朝向地理資訊社會（geo-information society）發展。《經濟學人》（"The Revenge of Geography", 2003）以「地理的復仇」（revenge of geography）來說明這個將虛擬世界與真實物理世界逐漸結合的發展方向，也說明了「位置」這一個重要的空間連接介面，有效地將不同資訊整合在一起，把地點轉換成為地方（locations into place）（Goodchild, 2011）。具有處理位置資訊功能的地理媒體，是這改變中重要的媒介，不僅是定位、位置資訊的應用能力，更重要是圍繞在這個位置周圍事物的記錄與傳播，現今的我們已經無法避免受地理媒體的影響，甚至我們也成為地理媒體重要的貢獻者。

在2020年全球80億人擁有60億支智慧型手機，扣掉幼小的兒童後，平均人人都有一支智慧型手機。眾多的智慧手機、平版、穿戴裝置及感測器成為接收與生產空間資訊的工具。這些空間資訊如VGI章節所述，大量地從民眾的日常生活中產出，以前所未見的數量、速度及涵蓋面向不斷的生產中。地理媒體的發展與空間資訊的生產一同發生轉變。地理媒體能呈現與處理大量的空間資訊，包括地圖（如開放街圖〔OpenStreetMap,

OSM〕)、位置和軌跡、地理標記或參考的資料(照片、影像與文字),而民眾也透過地理媒體的平台,不斷地生成上述的數據、發掘更多空間化的現象及應用。

2006年民眾協作地圖平台Platial.com[1]的創辦人Eisnor提出新地理學(neogeography)一詞來表明利用Web 2.0技術的地理資訊應用的行為,包括允許用戶混搭地圖的API、支援零碎空間資訊貢獻或眾包地圖計畫等。Turner(2006)說明新地理學是「人們以自己的方式使用和創建自己的地圖,與朋友和訪客分享位置,幫助形塑環境背景,並且透過地點位置來傳達」。因此,新地理學廣泛被用來形容這種空間資訊生產的關鍵形式(Haklay, Singleton, & Parker, 2008; Turner, 2006),從民眾參與主動與知情的空間資訊生產,到社交媒體自動化進行地理標註、全球定位系統(Global Positioning System, GPS)移動軌跡的紀錄等,讓更多的民眾被動或無意識地生產更多空間資訊。新地理學的"Neo"在用法上不僅僅是代表「新」含義,也代表一種不同的型態發展,意指地理學另一種不同於舊的型態發展軌跡正在展開,正如我們從地理媒體與GIS的發展所見,新地理學是在專業地理學家運用專業地理資訊與知識之外,以非完全符合科學標準要求,且傾向直觀的、表達的、個人的、與眾不同的或藝術的等作法,來呈現真實世界的一種特殊方式。這種特殊方式主要映射個人應用的發展,尤其是在地理媒體上呈現出傳統地理學或地圖學中不易出現的媒體內容,例如專業的旅遊主題地圖呈現觀光景點、飯店與旅遊服務設施,而民眾自行生產的旅遊地圖則可能是列出兒童友善博物館、視野優美的地點或是城市裡美麗的小角落。

地理媒體是新地理學諸多實踐中重要的工具,便於操作的地理媒體,

---

[1] Platial.com 現已停止服務。

讓新地理學中民眾的諸多地理想像成為可能。操作與瞭解地理媒體，如今從地理資訊社會的角度來看，儼然成為重要的地理空間素養要素（Strobl, 2014）。地理媒體在地理資訊處理上的簡化、直覺可用性的提高與使用成本的降低或轉移，能吸引更多非專業人士，尤其是想要積極參與空間事物的空間公民。近年來，歐洲地區的教育學者們，開始思索在中學以地理媒體教育取代專業地理資訊教育的可能性。過去中等教育中，GIS的基本原理教學，是為了讓學生面對日益重要的空間資訊產業做好準備，然而在地理媒體普及且重要性遽增的現代，學習地理媒體的使用技術、反思地理媒體造成的影響，逐漸成為地理資訊教育必須注意的現象。地理媒體的普及與可用性，讓個人在公民社會中的參與及與地理媒體間的交流成為一個不可迴避的教育問題（Schulz, Gryl, & Kanwischer, 2015），伴隨著空間資訊的「無處不在」與「地理資訊的民主化」，掌握地理媒體的內涵，應具有相當深遠的教育意義（Foote, Unwin, Tate, & DiBiase, 2012）。

　　地理媒體的發展，讓日常應用與專業技術產生高度的分化，日益進步的專業地理資訊技術，依舊存在著進入的門檻，縱使地理資訊軟體或網路平台在逐步降低技術的操作門檻，向地理媒體靠攏，但是背後那些複雜的資料結構、分析與代碼等，仍然是大部分使用者難以進入的領域。如今，非專業導向及進入門檻低的地理媒體，讓使用者可以直觀地適應和應用空間概念，彌合了專業與應用之間的鴻溝，也讓每個使用者成為空間資訊的生產消費者（prosumer）（Felgenhauer, 2017），空間應用普及到每個人身上，也是讓新地理學進入到每個人的生活中。例如，今日要到外地餐廳用餐，無須在GIS上操作路網分析，而是應用手機上的導航軟體，並且在餐廳評價網上給予評價。這些我們日常生活的應用，再也不需要去理解那背後的專業技術知識就可以使用，默默地進入新地理學領域裡，而地理媒體則是讓我們成為新地理學一份子的重要媒介。

第三節、地理媒體、位置與地方

地理媒體促進了「網路在地化」（networked locality），讓這個時代裡的一切都被置放與定位在實體空間上（Gordon & de Souza e Silva, 2011）。地理媒體帶動民眾對空間位置的覺醒，也使得商業活動藉助地理媒體發展，正深入我們的日常生活中。Geospatial Media在2017年發布的《全球地理空間產業展望》強調了整合位置資訊、電子商務及社群媒體的商業價值，說明地理空間產業發展的特點將是由平台、行動和社群媒體所構成的數位產業結構，不再僅是發展GIS的核心公司，而是任何運用位置資訊的「空間應用」（spatially enabled）公司，這些公司發展出各式各樣具有商業價值的地理媒體平台，吸引著人們在日常生活中使用，從食衣住行與社交各方面無一不受影響，導致現代人取得空間資訊的內容，絕大多數是與地理媒體化的商業經營及社群有關，包括照片、社群聊天資訊、影片、語音和文字等，這些由地理媒體中介而大量生產的空間資訊驅動著地理資訊科學的發展，如同全世界地理資訊產業龍頭美國環境系統研究所公司（Environmental Systems Research Institute, Esri），提出"The science of where"口號，認為與位置相關的科學分析與應用，是GIS發展的重要方向。

傳播學者McQuire（2016）認為，地理媒體由四個相關的面向所構成，分別是無所不在（ubiquity）、位置感知（location-awareness）、即時回饋（real-time feedback）及交融匯流（convergence），如前所述，人們必須遷就媒體的傳播設備才能獲得訊息，現今由網路技術與移動設備構建的數位環境，已經使得人們可以在任何地方完成過去要就近媒體設備才能完成的事情，使得媒體跨過了地理空間的藩籬，成為無所不在的媒體世界。數位媒體構成無所不在的媒體世界，並不能完整解釋地理媒體的概念，構成地理媒體的一個重要概念就是位置感知，因為「位置」在媒體設備的運用與「內容」獲取和傳播，是促使媒體轉向地理媒體的重要因素。位置的感知

及數位媒體無所不在地參與，改變了人們對地方的體驗和關係，尤其當幾乎所有東西都可以被定位時，個人對某處的體驗已經不在是單純的個人實際經驗，而是與媒體提供的環境融合在一起（Gordon & de Souza e Silva, 2011），例如對餐廳的好壞，已不僅是身體力行地去體驗，也深受社群媒體等數位媒體的影響，也就是說地理媒體是具有位置感知的數位媒體。另一項地理媒體的特色為即時回饋，雖說在20世紀電視直播已經能達到即時傳播資訊的效果，卻是單向的訊息傳播，多對多（many to many）的即時回饋，則是在近代才發生，特別是透過社群媒體訊息傳遞、互動與分享，如今訊息傳遞時，可以即時讓人們討論及協作，使得觀點更加多元，也更加符合現實，例如災害發生時，人們即時回饋在地理媒體上，傳遞救災及災害的訊息，超越了傳統媒體的傳播內容。地理媒體基於位置感知、無所不在的特性，加上即時地反應與回饋的能力，使大量互動訊息更深入日常生活的運作中。McQuire提到的地理媒體第四個概念就是交融匯流，除了現今科技將電訊系統、計算機等資通訊技術融合到智慧型手機上，也包括了社會體制、管理規範及各種社會文化的再造融合過程。像Instagram的社群媒體平台，不僅即時將用戶與其他人聯繫起來，還透過演算法將某種類型的活動、地點和事物聯繫起來，擴展連結，使人們越來越瞭解媒體所建構的其他地方，也同時參與社群平台上的活動，因此地理媒體不僅是技術的交融，亦是社會文化匯流的媒介。

　　前陣子發生了一件有趣的事件正可以來說明此現象。2021年臺灣代表團參加東京奧運會，羽球選手戴資穎在Instagram上分享入住的飯店，從飯店簡單樸實的設備，民眾得知是住在東京馬羅德（Marroad Inn Tokyo）的簡易飯店，並且在Google評價上僅有3.3顆星，一時之間社群媒體上的民眾對代表團的安排忿忿不平，雖然有其他熟悉當地的網紅民眾說明該飯店位置的優越性，民眾還是無法接受讓優秀選手住簡易飯店，直到選手本人發出貼文，澄清住宿地點是考量比賽練習場館距離的最佳地點後，民眾才消去怒氣並且發起刷「5星」的串聯活動，讓該飯店一夕之間上升到

4.5顆星，爾後這些密集且非真實的評價又被平台刪除，成為一個有趣的新聞事件。從這事件可窺探地理媒體許多面向上的意義，包括選手的打卡曝露出飯店的真實空間位置，從照片的內容引起民眾的誤解，接著社群媒體上的網紅試圖以Google地圖路徑規劃的路程計算結果，來說明該飯店具有距離的優勢，以及後來民眾的刷5星行動，無一不是呈現地理媒體中空間資訊、媒體傳播與社群影響的特點，空間資訊的呈現符合前述Sui與Goodchild（2001）所提之GIS即是媒體的觀點，而發生的過程與產生的影響，亦符合McQuire（2016）提到的四個概念。選手利用隨身手機在日本住宿地點發送訊息到網路上，民眾們則可在世界任一地點接收到訊息，讓訊息的傳遞無所不在，並且利用定位功能將虛擬世界錨定在真實世界上的某個位置，這樣一個位置的標註，不僅只是透露出真實地點，選手、民眾、網紅也呈現出地方的感知差異，對地方熟悉程度差異產生了不一樣的評論。此一事件的發生，在社群媒體快速地發酵與傳播，民眾們即時對該事件進行陳述與討論意見，並採取行動改變該飯店評價，重新塑造該飯店的等級，形成一個跨越地理的時空障礙，融合虛擬與真實的地理媒體事件。

　　上述這個暴露特定地點的地理媒體實踐，事實上在我們的日常生活中不斷的發生，我們經常透過地理媒體以位置與描述來呈現「地方」，而「地方」這一個詞彙在人文地理學已有相當多的討論，大致上是指人們創造的有意義空間，人們以某些方式依附在這個空間上，這個空間所代表的位置，因人們的依附與賦予意義而形成地方（Cresswell, 2004）。地理媒體提供了人們對實質位置上進行描述、情感敘說的平台，無時無刻都在賦予實質空間意義，也在無時無刻地「創造地方」。相信大家都有「打卡送飲料」的經驗，打卡便是標註了空間位置，打卡時的星級評價、照片或是文字，都是賦予了空間位置有意義的描述，也就創造了地方。這個「地方形塑」（place making）的浪潮在地理媒體的推波助瀾下，已經成為一種常態，影響每個人的日常生活。當你要選擇吃飯的地方時，會選擇鄰近評論較高的餐廳；選擇居住地點時會搜索觀看鄰近的照片與街景，看看周圍的環境是

否髒亂，試圖建立居住地點的「地方感」。我們時常在網上進行著對地方的體驗，甚至我們都還未曾去過那個地方，但是如果沒有地理媒體，有可能連那個地方我們都永遠不會知道，更不用說對那個地方產生情感的投射。社群媒體上網紅們熱衷分享的秘境，就是最好的例子，因為網紅們的分享，擁有獨特景觀且人煙罕至的地方，被賦予神秘、絕美與獨特性，創造出一種「秘境特質」，並隨著網路傳播迅速地到達世界任何一點。我們持續利用地理媒體塑造地方的能力，透過媒體的這一面向快速地傳播，又透過地理的這一面向，替空間位置增添描述，不斷地為自己和他人培養地方感（Halegoua, 2020）。Jansson 與 Falkheimer（2006）認為地理媒體正是媒體的空間化與媒體的中介化交匯後的結果。然而這樣的交匯隨著對地方的增強、修飾與表現，也帶來了一些關於商業與政治的討論。是誰塑造了地方？餐廳、景區等營業場所，透過地理媒體或是網紅來宣傳，挾著媒體的影響力，創造營業場所的形象，只要能拍出獨特、優美的照片，往往就會讓許多人循著位置蜂擁而至，也帶來商機。然而，這樣創造地方的過程，卻也常常形成許多困擾。在過去一個地方的意象是由生活在當地的人長久所共同塑造而成。如今，突來的一個媒體風潮，地方被外地的「他者」數位創造了，形成的意象或是帶來的人潮，對當地的改變常會造成極大的困擾。巴黎的 Rue Crémieux 一條小徑，原本只是一條工人們居住的街道，因為彩色的塗裝吸引遊客成為拍攝社群媒體照片的熱門地點，這些湧入的遊客對當地的居民平靜的生活產生極大干擾，一位居民告訴法國電台：「我們在家坐下來吃飯，外面有人拍照，還有說唱歌手花兩個小時在窗外拍攝影片，或者單身派對持續尖叫一個小時」（British Broadcasting Corporation〔BBC〕, 2019）。在臺灣也常有被地理媒體過度創造的地方，進而帶來許多困擾。有「最美圖書館」美譽的桃園市立圖書館龍岡分館，因拍照者的湧入變成「最吵的圖書館」；東澳粉鳥林海灘，被追捧成夢幻海灘而成為垃圾海灘等。地理媒體大幅地增加地方被創造的可能，例如 Instagram 在 2015 年推出地標的搜尋功能，民眾可以透過直接搜尋景點名

稱看到許多人們拍攝的相關照片，進而模仿、學習相同的內容，建構出對當地的地方意象，一種由網路人群所構建的地方概念，就透過這些照片被創造出來。

第四節、地理媒體發展的反思

地理媒體能快速擴散與深入日常生活中，圍繞在「位置」資訊的接收與應用功不可沒。全球衛星定位系統、手機訊號基地台、Wi-Fi、藍芽及陀螺儀，透過設備、操作系統和應用程式等，無時無刻記錄著個人的空間訊息及傳輸內容，也因此帶來了監視與空間隱私的問題，網路化的地理媒體避免不了這些問題，若我們將「監視」理解是為了提高個人或在地化的服務效果，不得不收集空間位置與傳輸內容來進行分析，那麼這些內在監視（inherently surveillant）將使地理媒體更加關注於個人的細節資訊，例如 Google 地圖為了直接提供使用者相對應位置的地圖，必須從設備中得到定位訊息。若將位置資訊整合 Google 搜尋紀錄與個人訊息，那麼 Google 公司將知道我們是誰、我們在哪裡、我們對什麼地方感興趣，藉以推送相關的服務給我們。同樣地，其他的地理媒體平台也會運用相同的手法，來窺視使用者的位置、偏好與關係。事實上，早從網際網路時代就開始進行個人資料蒐集，透過網際協定位址（internet protocol address，簡稱 IP 位置）與使用者瀏覽網頁的紀錄，網路線那端的科技公司能探得你的喜好與隱私。Kitchin 與 Dodge（2011）用「捕獲陰影」（capta shadow）來形容數位時代下個人隱私受影響範圍，在這個數位陰影下，呈現的是個人位置與個人慣習，並隨著數位與定位科技深入使用及地理媒體的影響，這個陰影範圍是不斷地擴大。

有人認為透過「監視」能使地理媒體發揮各項的好處有何不可呢？可以便利化個人生活、預測個人需求及推行特定活動等，或許有些使用者會

認為影響不大，也願意提供個人紀錄來獲取更好的服務，但是過度運用涉及隱私的資料卻是屢見不鮮，常見的網頁廣告就是其中的一種，將個人深藏的喜好與習慣，用廣告推送到陽光下。地理媒體造成的隱私暴露更是常見且危險，而這些隱私暴露通常還會包裹在一個日常生活的應用上，例如天氣的App，為了獲取當地天氣的服務，使用者必須允許App得到定位資訊，如GroundTruth底下的WeatherBug天氣服務，會徵求使用者的許可收集位置，並告訴使用者這些訊息將用於個性化廣告，但用戶可能不知道的是，它通常還會將數據發送給與其合作的廣告公司。《紐約時報》就曾測試20個可能會發送個人數據的App，發現17個App會向70家左右的企業發送精確的經緯度，其中的40家企業收到的就是來自WeatherBug的使用者精確位置資訊（Valentino-DeVries, Singer., Keller, & Krolik, 2018）。不僅是這些看似平常的遊戲與生活App會記錄你的位置，與地理媒體關聯深入的社群應用軟體更是無時無刻地記錄位置，以便投放廣告或是出售資料，以Facebook為例，幾乎每年都有人反映其應用程式監視使用者。

地理媒體中個人精確位置資訊的暴露極易侵犯隱私，利用使用者位置資訊牟利的商業公司會告訴你，你的個人資訊已經抹去，僅剩下一個沒有意義的識別碼。然而，位置資訊是如此的敏感，從位置的資訊就可以揭示出有關個人事物，抹去你的個人資訊並無助於保障隱私。Leszczynski（2017）說明了位置資訊敏感性主要來自於四個方面，讓隱私容易暴露且更加危險：

一、時空位置被視為構成個人參與空間中特定行為、活動和事件的確切或可能證據。

二、地理監視（geosurveillance）的廣泛性、詳盡性與連續性，讓人們無法在數據中保持完全匿名的方法。

三、空間關係數據具有內在的意義，不僅僅是位置數據，還揭示我們個人生活其他私密方面。

四、與其他的隱私訊息不同，位置的空間數據所攜帶的訊息，可用於將我們人身安全威脅轉化成為對個人的實際傷害。

當一個人的位置資訊有了連續的時空變化後，與真實世界的連結就已經讓人無法遁行。一個人早上 7 點離開紐約州的房子，前往 14 英里外的一所中學，一直到下午 3 點，而後參加體重控制會議以及到皮膚科看診，這些位置移動與停駐的資訊，就足以讓《紐約時報》的記者找到這個人是一位 46 歲的數學老師。地理媒體中存在的位置資訊通常還加上了文字或圖像的呈現，對隱私權的威脅更是嚴重。2012 年莫斯科的科技公司曾在 iTunes 上架了一個應用 Girls Around Me（GAM），此應用透過 API 介面，獲取 Foursquare 的興趣點（point of interest, POI），再從 Facebook 中獲取曾在此 POI 標註過位置的女性個人資料及照片，使用者只要下載應用程式並且開啟定位功能，就可以知道自己所在地周圍的女性何時出現，而被追蹤的女性卻絲毫不知道自己的行蹤與個人資訊已經暴露，成為別人品頭論足的對象。地理媒體所揭露的個人大量資訊，使得個人空間脆弱性增加，位置的獨特敏感性引起隱私的危害，但使用者卻很難拋棄早已與日常生活整合在一起的地理媒體，無論是有意還是無意透露，反過來都可以被其他人分析，無論是科學家、政府機構、商業公司還是平台提供商本身。很明顯，所獲得的位置資訊涉及很高的濫用可能性，同樣也涉及有關隱私、安全和監視的問題，以及有關研究倫理的問題（Poorthuis, Zook, Shelton, Graham, & Stephens, 2016）。

另一個值得思考的問題是「誰控制地理媒體」？社群媒體或是地點評價的媒體平台，絕大部分都屬於商業經營，因此空間資訊揭露的過程，受到了商業經營的影響。Yelp 是知名的餐廳與場所評價平台，當人們使用此平台搜索餐廳時，任何搜索返回的結果都是由 Yelp 專有的算法排序，餐廳可以透過付費在搜索返回結果清單上，落在較高的排序與顯目的位置，並且試圖操作評論讓正面評論處於優先被看到的位置。同樣地 Google、Netflix 和 Uber 都曾有過被指控操縱演算法的爭議（Frith & Wilken, 2019）。我們日

常生活對地理媒體的依賴，卻讓演算法塑造了我們的日常生活和現實，影響對地方的感知與行為（Just & Latzer, 2016）。如此一來，若是使用者沒有意識到Yelp、Instagram或其他日常地理媒體等科技的社會形塑（social shaping of technology, SST）過程，那麼將成為科技公司操弄的公民。

第五節、從地理媒體到公民地理資訊的實踐

雖然地理媒體存在著監視與隱私的疑慮，卻也是促進空間資訊民主化、支持社會變革、打破舊規的重要工具，利用地理媒體易用、易於傳播特性，增進公民空間事務上的參與力，例如Ushahidi最初由一群志願者創建，最早用於2008年肯亞選舉期間回報暴力事件的線上地圖，現在已經發展成為成熟的非政府組織，為各種其他組織和倡議提供開源地圖工具。各地公民們使用Ushahidi收集有關選舉或選舉後暴力恐嚇事件的即時報告（蘇丹投票監測）、衝突地區的暴力地點和模式（剛果民主共和國的東剛果衝突），或有關受自然災害影響地區的救濟需求或服務的信息（海地或COVID-19危機地圖）等。另一個2009年開發的手機應用程式CitySourced，最早是為了幫助市民直接向市政府報告附近的問題，市民能夠提交帶有地理標籤的照片和環境問題的文字描述，包括垃圾、違規行為、坑洞或塗鴉，市民以互動式線上地圖提交資訊。如今政府部門與其合作，政府可以掌握市政問題，民眾還可以追蹤政府處理的進度。地理媒體促進公民運用空間資訊參與公共事務，空間資訊生產與應用發生從專家到日常的轉變。非政府組織、社區、公眾個人等使用地理媒體，促進了民眾利用地圖或其他空間資訊展現方式表達意見與交流，增加公民參與的程度。「臺灣動物路死觀察網」（路殺社）2011年從臉書社團開始進行的科學調查計畫，收集機會型的動物路死資料，逐漸轉變成國內外知名的路死動物資料庫，也促進政府與大眾重視道路對動物的傷害，進而改變道路設

計。從路殺社的發展軌跡案例，我們不難看出地理媒體的效應，社群媒體的傳播、民眾的地方觀察、空間資訊的匯集，到最後凝聚共識、產生變革，實踐了公民地理資訊參與改變環境的過程。在這過程中，若是沒有簡易的空間資訊記錄與傳遞方式，沒有社群媒體的推波助瀾，公民參與就無法擴大；公民參與無法擴大，就難以讓政府或社會產生改變的共識。

地理媒體展現位置的便利性優勢，讓非專家們可以更廣泛地在日常中實踐，讓空間資訊跳脫專家—業餘的二元性框架，進而著眼於空間資訊的公共性、平民性與政治影響（Elwood & Leszczynski, 2013）。然而並非所有與地理媒體相關的公民參與都能發展對社會有益的事項。德國在敘利亞難民危機時，右翼的反移民組織就曾利用臉書及社群媒體平台推行在Google My Map平台上，進行「我的鄰居沒有庇護所」（Kein Asylantenheim in meiner Nachbarschaft）地圖標註（圖6-2），對收容難民的個別房屋及居民進行貶義的描述，試圖影響人們相信仇外心態是可以

圖 6-2

「我的鄰居沒有庇護所」
"Kein Asylantenheim in meiner Nachbarschaft"

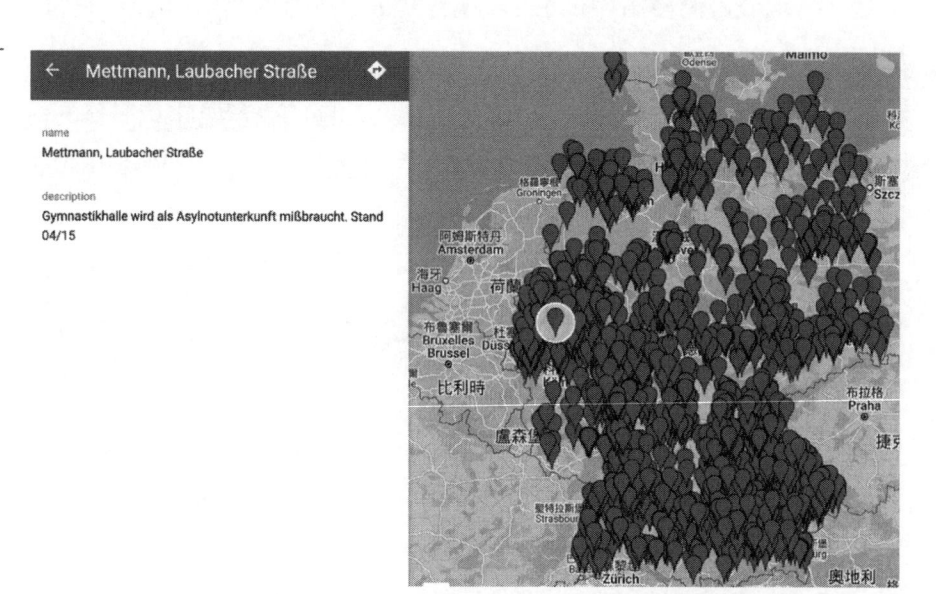

資料來源：Google (n.d)。
註：經過檢舉封鎖後，名稱已經調整為「幫助！幫助有需要的人！」"Helft mit! Helft Menschen in Not!"，雖然是以幫助為名，其中依然存在偏激的語詞，例如圖中提到「體育館被濫用當作移民收容所」。

接受的（Gryl, Könen, & Pokraka, 2017）。這件事件也點出了地理媒體的風險，當地理媒體促進公民參與的過程，亦可能帶來包括隱私問題、虛假消息、仇恨言論等（Schmuderer, Zink, & Gamerith, 2019）。

為了減少地理媒體造成的風險，近年來空間公民教育（spatial citizenship）的倡議逐漸受到教育界重視，試圖透過教育建立學生具備解釋和反思地理媒體訊息的空間公民能力。空間公民能力包括了技術與方法、反思和溝通三個維度（圖6-3），技術與方法著眼在技術知識與技能的應用，也就是能選擇與應用地理媒體的能力；反思則指使用Web 2.0技術的地理媒體時，能瞭解並反思地理媒體的影響；溝通則是運用地理媒體在共享的同時，也能與他人協作、溝通或交流意見（Gryl & Jekel, 2012）。德國公民們在歧視移民的地圖出現後，透過公眾輿論迫使Google關閉了該地圖，並且製作了Hoaxmap[2]反駁各式各樣社群媒體上關於移民及犯罪的謠言，藉以挑戰歧視移民的地圖。無疑地地理媒體提供了公民們便利的製圖與反製圖工具，而工具的正確使用則有賴於公民們對地理媒體的掌握與反思。

從GeoWeb開始的地理媒體，發展至社群媒體、生活軟體等與我們日常生活分不開的位置資訊應用，地理媒體帶來公民地理資訊極大的改變。我們可以應用在地理媒體上收集民眾自願或非自願、知情或不知情的VGI

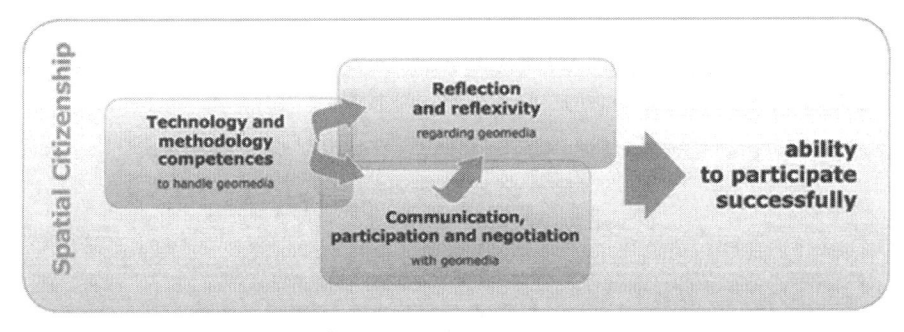

圖 6-3

空間公民教育的基本維度

資料來源：Gryl 與 Jekel（2012）。

---

[2] 請參見 https://hoaxmap.org/

資訊進行分析，亦可透過地理媒體增進公民在科學上、政治上的參與，以地圖的方式進行製圖或反製圖，縱使地理媒體在空間資料正確性、各階層權益關係人的普及性上，均不如公眾參與GIS，然而地理媒體卻是運用空間資訊及網際網路強大的雙向媒體效應，廣泛影響民眾、組織及政府，整合虛實空間促進公民社會發展。未來新一代的公民，透過關於地理媒體的公民能力教育，將更具備有空間公民能力，能避免地理媒體造成的風險對人類社會產生危害。

參考文獻

British Broadcasting Corporation. (2019, March 7). *Paris street to 'shut out Instagrammers.'* Retrieved from https://www.bbc.com/news/technology-47482034

Cairncross, F. (1997). *The death of distance: How the communications revolution will change our lives.* Brighton, MA: Harvard Business Review Press.

Cresswell, T. (2004). Introduction: Defining place. In T. Cresswell (Ed.), *Place: A short introduction* (pp. 1-14). Malden, MA: Blackwell.

Crutcher, M., & Zook, M. (2009). Placemarks and waterlines: Racialized cyberscapes in post-Katrina Google Earth. *Geoforum, 40*(4), 523-534. doi:10.1016/j.geoforum.2009.01.003

Elwood, S., & Leszczynski, A. (2013). New spatial media, new knowledge politics. *Transactions of the Institute of British Geographers, 38*(4), 544-559. doi:10.1111/j.1475-5661.2012.00543.x

Felgenhauer, T. (2017). The re-imagining of the geographical tradition in the digital age. *Geografiska Annaler: Series B, Human Geography, 99*(3), 256-267. doi:10.1080/04353684.2017.1306969

Foote, K. E., Unwin, D. J., Tate, N. J., & DiBiase, D. (2012). GIS&T in higher education: Challenges for educators, opportunities for education. In D. J. Unwin, K. E. Foote, N. J. Tate, & D. DiBiase (Eds.), *Reaching geographic information science and technology in higher education* (pp. 3-15). New York, NY: John Wiley & Sons. doi:10.1002/9781119950592.ch1

Frith, J., & Wilken, R. (2019). Social shaping of mobile geomedia services: An analysis of Yelp and Foursquare. *Communication and the Public, 4*(2), 133-149. doi:10.1177/2057047319850200

Goodchild, M. F. (2011). Formalizing place in geographic information systems. In L. Burton, S. Matthews, M. Leung, S. Kemp, & D. Takeuchi (Eds.), *Communities, neighborhoods, and health: Expanding the boundaries of place* (pp. 21-33). New York, NY: Springer. doi:10.1007/978-1-4419-7482-2_2

Google. (n.d). *Helft mit! Helft Menschen in Not!* [Google My Maps]. Retrieved November 20, 2022 from, https://www.google.com/maps/d/u/0/viewer?mid=z0RwXmZ9W1FI.k5Q5YrMM3Bf8

Gordon, E., & de Souza e Silva, A. (2011). *Net locality: Why location matters in a networked world.* New York, NY: John Wiley & Sons.

Gryl, I., & Jekel, T. (2012). Re-centring geoinformation in secondary education: Toward a spatial citizenship approach. *Cartographica: The International Journal for Geographic Information and Geovisualization, 47*(1), 18-28. doi:10.3138/carto.47.1.18

Gryl, I., Könen, D., & Pokraka, J. (2017). Limits of freedom—Defining a normative background for Spatial Citizenship. *GI_Forum—Journal for Geographic Information Science, 5*(2), 3-12. doi:10.1553/giscience2017_02_s3

Haklay, M., Singleton, A., & Parker, C. (2008). Web mapping 2.0: The neogeography of the GeoWeb. *Geography Compass, 2*(6), 2011-2039. doi:10.1111/j.1749-8198.2008.00167.x

Halegoua, G (2020). *The digital city: Media and the social production of place.*

New York, NY: NYU Press.

Jansson, A., & Falkheimer, J. (Eds.). (2006). *Geographies of communication: The spatial turn in media studies*. Göteborg, Sweden: Nordicom.

Just, N., & Latzer, M. (2016). Governance by algorithms: Reality construction by algorithmic selection on the Internet. *Media, Culture & Society, 39*(2), 238-258. doi:10.1177/0163443716643157

Kitchin, R., & Dodge, M. (2011). *Code/space: Software and everyday life*. Cambridge, MA: MIT Press. doi:10.7551/mitpress/9780262042482.001.0001

Kitchin, R., Lauriault, T. P., & Wilson, M. W. (Eds.). (2017). *Understanding spatial media*. Thousand Oaks, CA: Sage. doi:10.4135/9781526425850

Lapenta, F. (2011). Geomedia: On location-based media, the changing status of collective image production and the emergence of social navigation systems. *Visual Studies, 26*(1), 14-24. doi:10.1080/1472586X.2011.548485

Leszczynski, A. (2017). Geoprivacy. In R. Kitchin, T. P. Lauriault, & M. W. Wilson (Eds.). *Understanding spatial media*. Tousand Oaks, CA: Sage. doi:10.4135/9781526425850

Longley, P. A., Goodchild, M. F., Maguire, D. J., & Rhind, D. W. (2015). *Geographic information science and systems* (4th ed). Hoboken, NJ: John Wiley & Sons.

McQuire, S. (2016). *Geomedia: Networked cities and the future of public space*. Cambridge, UK: Polity.

Poorthuis, A., Zook, M., Shelton, T., Graham, M., & Stephens, M. (2016). Using geotagged digital social data in geographic research. In N. Clifford, M. Cope, T. Gillespie, & S. French (Eds.), *Key methods in geography* (pp. 248-269). Thousand Oaks, CA: Sage. doi:10.4135/9781526425850

Ricker, B. (2017). GIS. In R. Kitchin, T. P. Lauriault, & M. W. Wilson (Eds.), *Understanding spatial media* (pp. 25-34). Thousand Oaks, CA: Sage. doi:10.4135/9781526425850

Schmuderer, S., Zink, R., & Gamerith, W. (2019). Citizen participation via digital maps: A comparison of current applications. *GI_Forum— Journal for Geographic Information Science, 7*(2), 34-46. doi:10.1553/giscience2019_02_s34

Schulze, U., Gryl, I., & Kanwischer, D. (2015). Spatial Citizenship education and digital geomedia: Composing competences for teacher education and training. *Journal of Geography in Higher Education, 39*(3), 369-385. doi: 10.1080/03098265.2015.1048506

Strobl, J. (2014). Technological foundations for the GISociety. In I. Gryl, T. Jekel, C. Juneau-Sion, J. Lyon, & E. Sanchez (Eds.), *Learning and teaching with geomedia* (pp. 2-9). Newcastle upon Tyne, UK: Cambridge Scholars.

Sui, D., & Goodchild, M. (2001). GIS as media? *International Journal of Geographical Information Science, 15*(5), 387-390. doi:10.1080/13658810110038924

Sui, D. Z., & Goodchild, M. F. (2011). The convergence of GIS and social media: Challenges for GIScience. *International Journal of Geographical Information Science, 25*(11), 1737-1748. doi:10.1080/13658816.2011.604636

The revenge of geography. (2003, March 15). *The Economist.* Retrieved from https://www.economist.com/technology-quarterly/2003/03/15/the-revenge-of-geography

Thielmann, T. (2010). Locative media and mediated localities: An introduction to media geography. *Aether: The Journal of Media Geography, 5,* 1-17.

Turner, A. (2006). *Introduction to neogeography.* Sebastopol, CA: O'Reilly Media.

Valentino-DeVries, J., Singer, N., Keller, M. H., & Krolik, A. (2018, December 10). Every moment of every day, mobile phone apps collect detailed location data. *The New York Times.* Retrieved from https://www.nytimes.com/interactive/2018/12/10/business/location-data-privacy-apps.html

索引

A

AllTrail 103
AirBnB 107

B

Bikemap 102

C

CoCoRaHS 105

E

eBird 104, 108, 111, 129, 133, 143, 145

F

Flickr 93, 97, 107-108, 113

G

GBIF 104
GeoNames 101

GeoWeb 25, 94, 96, 129, 163-165, 179
Geo-Wiki 102, 129
Google Earth 36, 38, 41, 45, 49-50, 54-56, 71, 77, 82, 88, 163
Grab 103

H

Here 103
HOT 105

I

iNaturalist 104, 108, 128, 133
INSPIRE 101

K

KML 36, 163

L

Linus' Law 117

N

NSDI 101

T

TomTom 103

U

Uber 103, 176

W

Web 2.0 .... 17, 19, 25, 94-96, 98, 107-108, 118, 163, 168, 179

WikiCrime 105

Y

Yelp 107, 162, 164, 176-177

三畫

三井倉庫 25, 70, 72-74

土地利用 7-8, 55-56, 58, 73, 102, 111-112, 129, 131, 133

大數據 18-19, 112, 147, 166

山屋效應 116

四畫

中華民國地理學會 34-35, 76-77

內在監視 174

公民天氣觀察員計畫 104, 131

公民科學家 20, 26, 106

公民驅動 98

公眾決策 14

公道三 25, 70-72, 88

反距離加權法 144

太子港 25, 93

水沙連 75-76

由上而下 2, 9, 25, 70

由下而上 9-10, 16, 25-27, 34, 37, 40, 47, 51, 55, 70, 118, 156

五畫

主動性 25, 100-103, 106

他者 4, 13, 70, 173

司馬庫斯 24, 34-36, 53, 77

生命史 81

生產消費者 110, 113, 115, 154, 169

六畫

光明社區 24, 45-46, 50, 56, 64

向量資料 166

在地知識.....33, 39, 43, 46, 49, 52-53, 55, 59, 61-62, 64-66

地方形塑..............................22-23, 172

地方社群...62

地形剖面.......................................56, 63

地理資訊社會..............................167, 169

地理資訊科技......23, 26, 129-130, 136-143, 149, 153-154, 156-157

地理對位...58

地理監視...175

地理標籤..........................22, 97, 107, 177

地圖文盲....................................97, 118

地圖傳記.....................................14, 71

自助科學....................................26, 135

七畫

位置感知.........................23, 164, 170-171

即時回饋.......................23, 55, 170-171

坎坷地圖.....................................25, 70

志願思謀..................................26, 132-133

志願運算.....................................26, 131

八畫

社區／社群科學........................26, 134-135

社區營造..........................38, 40, 46, 65

社會形塑...177

社會感知...112

社群媒體............18, 21-23, 26, 94-95, 97-99, 105-107, 111, 113-114, 133, 161, 164-165, 170-173, 176, 178-179

空氣盒子...........105, 134-135, 138, 144-148, 157

空間內插..................63, 131, 144-145, 148

空間公民教育..................................179

空間異質性......................................116

空間資訊工具............34, 47, 50-51, 54, 59, 61, 139

空間資訊科技.........14, 23, 27, 33, 49, 51, 57-62, 64-65, 69, 139, 141, 146, 153, 155

空間覺醒......................................96-97

非自願者..103

非框架資料.................25, 100, 102-103, 106

邵族文化發展協會 75-78, 81, 84

使用者生成內容............................95, 164

物種分布模型..................................144

十畫

原住民族基本法..................................79

原住民族傳統領域.....................34, 77, 79

捕獲陰影..174

時空位置.........................110-111, 114, 175

框架資料 25, 99-103

十一畫

偏差 116-117, 119, 133, 143
偏誤 55, 109, 129, 134, 143
參與式鄉村評價法 14
參與式感測 26, 134, 138
混搭 49, 95-96, 115, 163, 168
異質性 20
眾包 19-20, 26, 101, 106, 117-118, 168
被動性 25, 100, 103, 106-107
被動感測 26, 131, 134
軟體即服務 95
部落地圖 6, 12-15, 25, 70, 76-77, 81
麥卡托投影 4-5

十二畫

無人載具 166
無尾港 24, 42-45, 52, 58, 60, 62-63, 134-135
菁英科技 33
視域分析 58
視覺化 34, 39, 56, 59, 61, 63-64, 109-110, 149, 155, 157

開放街圖 16-17, 25, 93, 95, 98-99, 101-102, 105, 117, 142, 158, 167-168
黃蝶翠谷 24, 38-40, 57-60

十三畫

塭內社區 24, 40-42, 57
搶救北北三 73-74
新地理學 26, 94, 117-119, 167-169
資料品質 20, 26, 62, 94, 99-101, 115-117, 119, 141, 144, 157-158
路殺社 103, 137-138, 141, 146-147, 149-151, 157, 177-178
預測模型 131

十四畫

監控 23, 27, 48, 137-138, 154
網格資料 135, 166
網路在地化 170
網路爬蟲 108-109
緊急製圖 93
認養 138-139, 141
遙感探測 14, 69

十五畫

噗浪 105

數位化 7, 9, 21, 50, 79

數位地球 163

數位原住民 27

數位移民 27

數值化 14, 33, 36, 69

數值高程模型 50

標記 39, 57, 93, 99, 132-133, 163, 168

樣區 19, 42, 129, 140-141, 143

衛星影像 8, 37, 50, 52, 93, 96, 98,
　　　　101-102, 112, 166

賦權 10-12, 14, 24, 34, 61, 65-66, 70, 157

十六畫

機會型資料 146

興趣點 49, 97, 103, 107-108, 111, 176

十七畫

隱私權 17, 23, 26-27, 94, 115-116,
　　　　119, 176

點、線、面 14, 33, 48, 51, 53, 69, 71

十九畫

邊緣群體 61

二十二畫

權益關係人 10-11, 24, 33-34, 38-39,
　　　41, 43, 47-49, 51, 55-66, 71, 157, 180

附錄彩頁

圖 1-5

丹大地區1990年經建版第一版五萬分之一地形圖（圖中的圖釘與地名為布農族人所添加）

圖 2-10

大台南污染地圖的網頁

附錄彩頁 191

圖 3-3

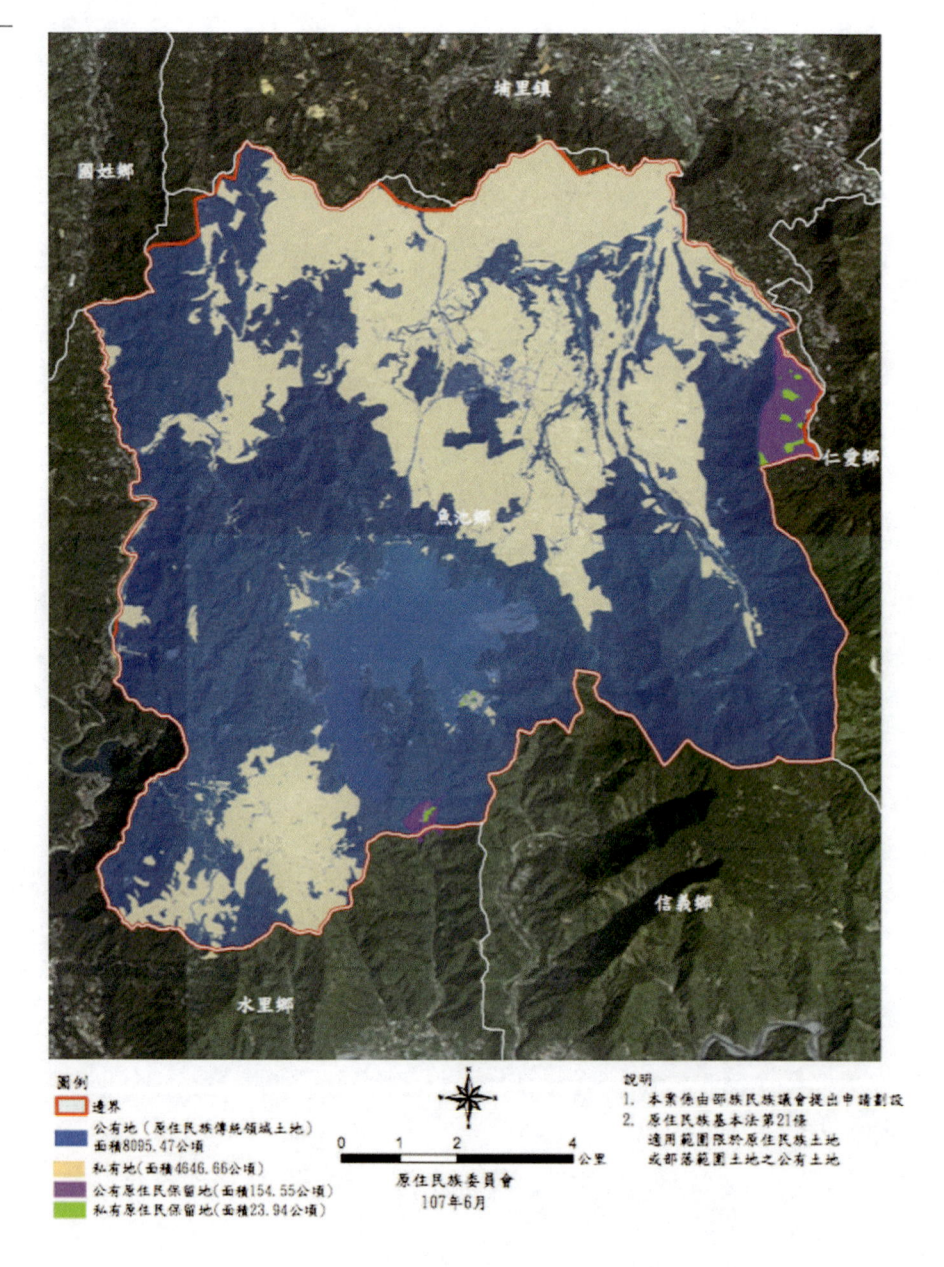

依據《劃設辦法》原住民族委員會於 2018 年 6 月 11 日公告邵族傳統領域之範圍

圖 5-1

Disfactory 的判斷介面

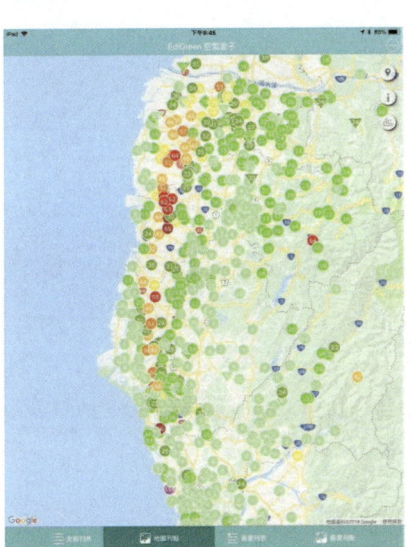

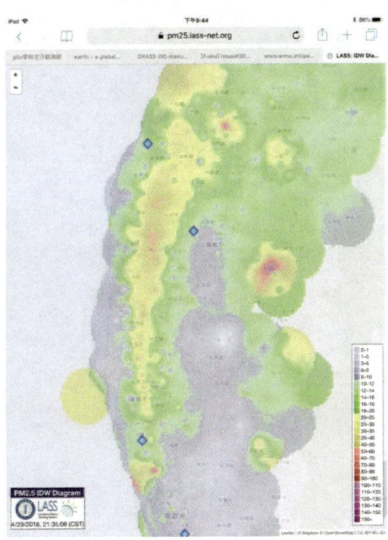

圖 5-5

空氣盒子透過監測資料重現了火災的煙流擴散

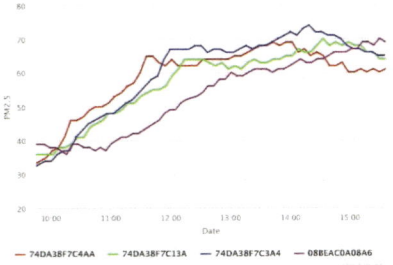

圖 5-8

使用者以不同位置的感測器比較空污的爬升曲線以瞭解擴散速度

附錄彩頁 193

圖 5-9

(A) 民間祭祀所產生的短期空污；(B) 跨境空污由北至南的擴散軌跡。

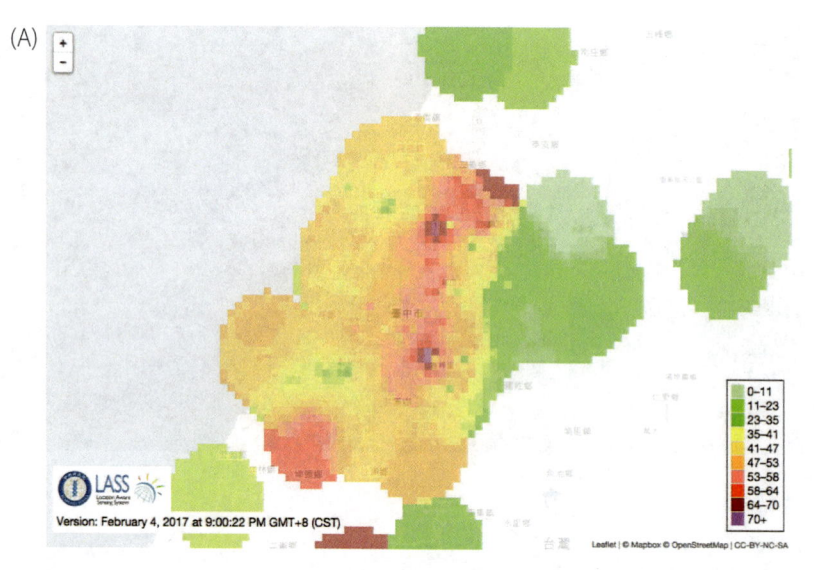

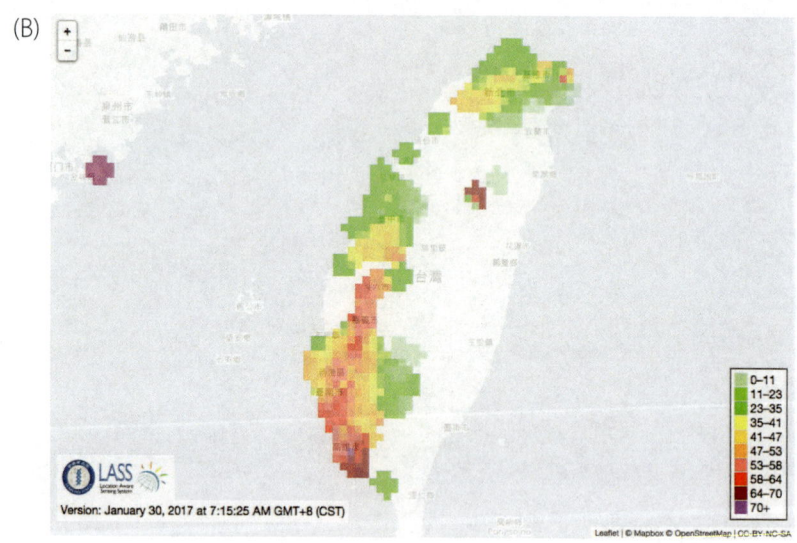

194　公民地理資訊

國家圖書館出版品預行編目（CIP）資料

公民地理資訊 = Citizen-driven geographic information science / 丁志堅，朱健銘，鍾明光，羅永清著. -- 新北市：華藝數位股份有限公司學術出版部出版：華藝數位股份有限公司發行，2023.10

　面　；　公分

ISBN 978-986-437-211-9(平裝)

1.CST: 地理資訊系統

609.029　　　　　　　　　　　　　　112015559

公民地理資訊
Citizen-Driven Geographic Information Science

本書系總編輯／蔡博文
主　　　　編／丁志堅
作　　　　者／丁志堅、朱健銘、鍾明光、羅永清
責　任　編　輯／竇翊禎
封　面　設　計／張大業
版　面　編　排／張大業、王凱倫

發　　行　　人／常效宇
總　　編　　輯／張慧銖
業　　　　務／陳姍儀

出　　　　版／華藝數位股份有限公司　學術出版部（Ainosco Press）
　　　　　　　地址：234 新北市永和區成功路一段 80 號 18 樓
　　　　　　　電話：(02)2926-6006　傳真：(02)2923-5151
　　　　　　　服務信箱：press@airiti.com

發　　　　行／華藝數位股份有限公司
　　　　　　　戶名（郵政／銀行）：華藝數位股份有限公司
　　　　　　　郵政劃撥帳號：50027465
　　　　　　　銀行匯款帳號：0174440019696（玉山商業銀行 埔墘分行）

　　　　ISBN／978-986-437-211-9
　　　　 DOI／10.978.986437/2119
出　版　日　期／2023 年 10 月
定　　　　價／新臺幣 700 元

版權所有・翻印必究　　Printed in Taiwan
（如有缺頁或破損，請寄回本公司更換，謝謝）